愛と魂の法則

錦織新

光文社

愛と魂の法則

はじめに

「もっと私を見てほしい」

「愛なんていらない。一人のほうがせいせいする」

「出会いたいのに、出会えない。私、どうなるんだろう？」

「同性が好き。同性と人生をともに歩みたい」

「パートナーとはすれ違いばかり。価値観が合わなくて別れたい」

「本当の愛を体験したい。そして幸せになりたい」


本書を手に取ったあなたも、きっと愛やパートナーシップに悩んでいたり、迷っていたりするのではないでしょうか。

最近ではSNSで他人の私生活が目に飛び込んできます。ハッピーな写真を見て、落ち込んだり、うらやましくなったりしてモヤモヤする方もいるはずです。

なかには恋愛やパートナーシップで傷ついたり、悲しい別れを体験したりして、

「もう愛なんてこりごり」

と思う方もいるでしょう。

それでもあなたは本書を手に取った。

そうです。あなたは愛もパートナーシップも幸せも、諦めたくないのです。


私もあなたと同じで、ずっと愛に悩んできました。

「愛ってなんだろう?」

それを探して生きてきたようなものです。

男性ですが、そうならざるを得なかったのです。

両親はケンカが絶えず、あるとき酔って帰ってきて荒れた父親が、二段ベッドで寝ている僕たち兄弟に、グラスを投げつけてきました。

壁に当たって粉々に砕けたグラス。

子どもながらに、親ってなんだろう、愛ってなんだろうと思いました。

その後も自分なりに愛を求めていましたが、なかなか得られませんでした。非婚主義

を曲げて結婚しましたが、やはりうまくいきませんでした。
人生をとても生きづらく感じていました。

しかし、ある「法則」を知り、それに従って生きだしたら、物事が急に流れるようにうまくいき始めました。

会社員の枠を外れて、在職中にセミナーを始め、ブログを書き、人気になりました。

そして、ソウルメイトで妻となるヒーラーよしこと出会い、二人でその法則を広める仕事を始めました。

妻とのパートナーシップによって家族のわだかまりも癒《い》え、今とても平和な気持ちです。

こんな僕たちの姿がかわいらしいのか、クスッと笑いながらも、僕たちのことを「いいな」と思ってくださる方が増えています。ありがたいことです。

愛やパートナーシップは本当に素晴らしいものです。本当の愛やパートナーシップには、過去に負ってしまった傷や痛みをすべて無効にするような力があります。あなたにもぜひ体験していただきたいし、そのお手伝いをさせていただきたいと思っています。

そこで本書では、私にとても効果があった「法則」を中心に、愛やパートナーシップ、そして少し深い魂や人生について、私が体験したことや気づいたことに基づきながら、真実の愛や最高のパートナーシップを実現するためのステップをご紹介したいと思います。実際に、私はこんな流れで自分を高めて、現在のパートナーシップを経験するようになったと今、思います。

そして、ただ「相手を好き」というだけでは、パートナーシップをうまくいかせるためには全然足りないのが真実だなとも思います。愛を意識的に選んでいくスキルが必要なのです。

私が愛やパートナーシップの本を書くことになったのも、偶然だとは思いません。

スピリチュアル的に見ると、2020年を一つのピークに、人々が愛に目覚める時期に差し掛かっているからです。これまでの「争いの千年紀」から、「真実の愛の千年紀」

がいよいよ本当に始まろうとしているのです。
あなたもその宇宙の流れのなかにいます。
だから、悩んでいるし、愛を求めているのです。

ですから本書は、あなたが真実の愛に目覚める手助けとなるようにとも考えられています。

身近な愛や恋愛、出会い、パートナーシップの真実を知り、体験することで、あなたに「もう一度、愛してみよう」「愛も捨てたものじゃない」「愛を通じて成長した」「真実に目覚めた」……こんなふうに思っていただけたらとてもうれしいです。

なお、文中に断定的な書き方が出てきます。しかし、それは「〇〇だと思う」とか、「〇〇らしい」が省略されていると思ってください。あまりにそれが多いと、繁雑に感じられるからです。そして、私の体験が唯一の正解だとは言いませんし、私もあなたと同じで、愛を学ぶ生徒です。

きっとあなたは、私を超えて、さらに素晴らしい愛やパートナーシップを実現できると確信しています。そんなあなたの姿を見ることができたら、望外の喜びです。

心の準備がよければ、愛と魂の旅に出かけましょう！

愛と魂の法則　目次

第2章

素晴らしいパートナーシップの原理　59

第3章 ダブルパートナーシップの理論 85

第4章 セルフ・パートナーシップ 109

第6章　今の伴侶をソウルメイトにする　195

第7章
親子の傷を癒し統合する

第8章　愛と真実に目覚め、次元上昇する　243

第1章

愛とパートナーシップが壊れるとき

両親の不仲から愛を求めた10代

毎晩、障子越しに聞こえる両親の口論。子どもながらに心配でした。でも障子を開けてはいけないと思っていました。そこで、指につばをつけて、障子にぶすっと穴を空け、両親のケンカを、息を潜めて覗《のぞ》いていました。「これからどうなるんだろう」と小さな胸は押しつぶされそうでした。

そんな日々が続いたある日、母親が私の手を取って言いました。

「行くよ、準備して」

よくわからないまま、母親に手を引かれて家を出ようとしたそのとき、1歳上の兄が言いました。

「ボクはお父さんが好きだよ。一緒にいたいよ」

その一言で、母親は三つ指ついて父親に謝り、実家に戻るのを断念したのです。

父親は厳しい人でした。食卓も教育の場。「ああしちゃいけない、こうしちゃいけない」と箸の上げ下げにまでケチをつける始末でした。家族で和やかにご飯を食べた記憶が、私にはありません。

昔のことですから、体罰も普通にありました。

父親の暴力を避けるために、大人の気持ちをつかむのが上手になりました。先回りをして、大人が喜ぶような言葉をわざわざ言ったりして、いい子を演じていました。

でも、自分が何を好きで何が欲しいか、わかりませんでした。デパートの大食堂でランチを食べるとき、注文できませんでした。食べたいものを言ってはいけないと思っていたのです。お寿司を食べるときは、一番安いカッパ巻きが専門でした。

立派なアダルトチルドレンです。

勉強はできるし、大人には好かれるいい子だったけれど、本当はどう生きたらいいかわからなくて、とても生きづらかったのを思い出します。

そしてまた永遠に繰り返される両親のケンカ。母親も強気ですから、負けていません。包丁が飛ぶかと思ったほどです。

こんな家族が嫌で、高校を出たら、家を出ると心に決めていました。家族から離れるために、地方の大学に進学したのでした。

これが私の10代のころの話です。

「なぜこんな家に生まれたんだろう」「愛ってなんだろう」「家族ってなんだろう」というのは、いつも私の心に引っかかっていました。

「愛」が私の人生の大きなテーマになったのです。

人生最大の喜びも悲しみも、愛とパートナーシップから

人生最大の喜びは愛であり、パートナーシップ。

しかし、人生最大の苦しみも、愛であり、パートナーシップ。


「この人だ!」と思う相手に愛されることほど、人生がきらめく体験はありません。これまでいろいろあった人生の問題が、すべて帳消しになると思えるほどです。

一方で、誰にも愛されないことほど悲しいことはありません。自分がここに存在する意味さえ、わからなくなってしまうでしょう。

愛の形はさまざまです。男性と女性のカップル、同性同士のカップル、複数恋愛、シングル……いろいろあって、どれもいいのです。

どんな人だって、本当のところは愛したいし愛されたいと思っているし、愛を感じたいと思っています。そして、誰かとパートナーシップを結ぶのです。パートナーシップをよくするために、努力だってしていると思います。

しかし、パートナーシップはいろいろな原因で壊れていきます。もし、あなたがパートナーシップに悩んでいるなら、あなたが悪いわけではありません。パートナーシップには元々、壊れてしまう要因がたくさんあるのです。

私の両親は、個人としてはとてもいい人なのに、良好なパートナーシップを築くことができませんでした。二人でいるといつもケンカばかりしていました。

両親を反面教師にしたつもりでしたが、私も最初の結婚では良好なパートナーシップを築くことができませんでした。

そして、今のパートナーである妻と出会い、再婚しました。しかし、この結婚も最初から順調だったわけではありません。二人の関係をダメにしてしまう原因や行動パターンを主に私が持ち続けていたので、数々の危機があったというのが本当のところです。

パートナーシップでは自分のなかにあるさまざまな問題が、相手との関係からあぶり出されてくるのです。一人でいたら、そんなに問題はないわけです。周りともうまくやっていける。なのに、パートナーといると、鏡のように相手に自分の問題を見せつけられる。それが気に入らないってことはあると思います。昔はあんなに愛おしかったのに、今は一緒にいるのが嫌だったりイライラしたりする。

本当にパートナーシップには学びがあります。

パートナーシップを元のような愛にあふれるものにしようとする選択もあるし、スッキリ別れる選択もある。衣食住が足りているから、相手に振り回されないように、自分だけの楽しみを見つけていけばいいという選択もあります。いや、それよりも、パートナーシップを経験していないので、素敵な人と出会いたいという方もいるでしょう。どれもいいと思います。間違いはありません。

でも、もし、あなたが今、パートナーシップに悩んでいるなら、「その問題、解決できるかも」と思わないではありません。別れるなと言っているのではないのですよ。もしかすると、「もう戻れない」と思い込んでしまっているだけかもしれないのです。

パートナーシップは、自分や相手がいい人であるとか、「この結婚をいいものにしよう」といった気持ちだけでは関係を続けるのは難しい理由があるのです。

そこで、愛やパートナーシップに元々含まれている「壊れてしまう理由」を次節からいくつか見てみましょう。あなたがこれらのことに該当するなら、まだ望みはあるように思うのです。

なお、本書では便宜上「男性」「女性」という言葉を使いますが、生物学的な男性、女性のことばかりを指しているのではありません。男性性が優位な人を「男性」と呼び、女性性が優位な人を「女性」と呼んでいると思ってくださるといいです。外見が女性でも男性性のエネルギーが支配的な人もいるし、男性でも女性性のエネルギーが支配的な人もいます。エネルギーや機能としてどちらの性を演じているかで見ていただくと、性的マイノリティの方などにも以下の話は適用できると思います。

なぜかやってしまう非難合戦

もしかして、あなたは「自分だけが大変。相手はラクしている」という気持ちがありませんか？　「なんだか不公平」「これはおかしい」というような気持ちです。最初はちょっとした違和感に過ぎなかったことだと思います。それが何度も重なってくると、相手にチクリと釘《くぎ》を刺したくなる。

「私は仕事も家事もこなしているのに、パートナーは仕事に行くだけ。家に帰ってきたら何もしないでテレビを見たり、ゲームをしたり。不公平で納得できない」……こんなことかもしれません。あるいは「仕事は大変だけど、一生懸命やっている。お金も稼いでいる。なのに、なぜこんなに文句を言われるのか。割に合わない」というようなこともあるでしょう。

点数をつけて、互いに比較しているようなところがあるのかもしれません。

「家庭や家族への貢献度を点数化すると私はこんなに多いのに、相手がやっているのはこんなに少ない」

点数の差がとても気になって、ついつい相手に文句を言いたくなる。損をしているような気がするのです。共働きのご夫婦なら、収入の違いが貢献度の違いとして認識され、それが紛争の火種となっていることもあるようです。

女性は仕事と家庭のストレスでいっぱい。こんなとき、女性は今日起こった出来事を共感しながら聞いてほしいものです。そんなときも決まって、男性は「それはキミが悪いよ」などと、聞きたくもない意見を言ってしまうもの。男性と女性の脳の違いがわかっていても、普通にしていたら、やってしまうのです。「そんなこと聞いてるんじゃない」と女性が言おうものなら、男性は「じゃあ、どうすればいいんだ」と、もうケンカ腰。すると女性は男性が思ってもみない細かいことを指摘し、男性は頭に来てしまう。そうなると、男性も売り言葉に買い言葉で、相手の悪いところを並べ立てます。男性がキレるか、自室に退却するのがオチです。残されたのは女性だけ……。

ちゃんとしている人でも、こんな非難合戦は起こってしまいます。

もし、相手に明らかに問題があったら……想像に難《かた》くありません。

私も最初の結婚ではまさにこれをやっていました。

私は雑誌編集者で超多忙でした。月に1週間は会社に寝泊まりし、土日も出勤する生活でした。自宅にふらっと夕方帰ってきて、数時間眠り、終電で出勤するなんて、今なら考えられないこともやっていました。家庭は専業主婦の相手に任せきり。相手はストレスもたまっていたでしょう。夜遅く家に帰ると、よく文句を言われました。結局は互いに相手を非難してしまいました。

やっちゃいけないと頭ではわかっていても、売り言葉に買い言葉。

こんな非難合戦を始めると、二人の関係に暗雲が立ちこめ、ケンカが絶えない関係になりました。「そうなるまい」と思っていた両親の関係とほとんど同じになってしまったのです。

そして、ケンカを回避するために接触を避けるようになって自室に閉じこもるか、わざわざ土日に仕事を入れるようになったりしました。「引き寄せの法則公式ブログ」（今はありません）がブレイクして、たくさんの人の悩みに答えていたのです。なのに、自分と相手の関係は改善できませんでした。

私の場合はこんな感じでしたが、共働きのご夫婦などでも不公平感は普通にあるのではないでしょうか。

でも、こうした不公平感が強く感じられるのも、パートナーシップへの期待の裏返しなのかもしれません。「相手に期待しているのに、やってくれない……」。それが相手への非難になっているようにも思います。本当は愛があるのに、表す形が非難になってしまう。それが残念なところです。

なぜ私が変わらなきゃいけないの

「パートナーシップがうまくいかないのは相手のせいだ」という考え方があります。

「悪いのは相手だから、相手が変わるべき」と思っているのです。

もし相手に本当に問題があるのなら、正論です。しかし、相手は変わるでしょうか？「相手が変わるべき」と思って、「ああしてね」「こうしてね」と言ってみて、どうだったでしょうか？　相手はそのとおりやってくれるでしょうか？　最初はやってくれるかもしれません。ですが、元に戻ってしまうのではないでしょうか？　何度言っても食べ物はこぼすし、自分が使った食器は洗わないし、段ボールはたたまずにそのまま積まれていて手間がかかったりします。なかには、いくら言っても仕事が続かず、転々としてしまう人もいるでしょう。

何度言っても、相手の行動パターンは変わりません。

そこで、あなたはキレてしまうわけです。「なんでできないんだ」と。

私もこんな考え方でイライラしていた時期が長いです。

ですが、互いに「相手が変わるべき」と思っていたら、対立は解けません。「自分は正しい」「悪いのは相手」「相手が変わるべき」「なぜ私が変わらなきゃいけないの」と思っていたら、紛争の火種がくすぶることになります。

あるときから、私はかなり緩《ゆる》くなったんだろうと思います。相手がやってくれないからといって怒らないようになりました。「ああ、またやってら」と思うぐらいです。きっと妻もそう思っているでしょう。

正論を振りかざしても、関係はよくならないのです。正しさの主張ではなく、「二人の関係を修復したい」という思いが、対話のテーブルに二人をつけます。「相手を変えることはできない。変えることができるのは自分だけ」といいますが、これまでいろいろやってみて、そのとおりだと思います。相手を変えようとすると、自分が苦しくなったり、イライラしたりするのですが、相手を変えようとするのを放棄して、自分の考え方や行動パターンを変えようとしたら、心が平穏になりました。結果として、関係もうまくいくようになりました。

「相手を変えることはできない。変えることができるのは自分だけ」は、知識では知っていても、その現場に立つと、意外とできないのもまた事実です。

ただし、肉体的・精神的虐待を受けている場合は、時間はないでしょう。今すぐ、そこから離れてください。

役割でつながると対応がとれなくなる

相手を非難したり、あら探しをしたり、不公平という感覚を持ったりするのは、「役割」でつながっているからではないでしょうか。例えば、どちらかがお金を稼ぐ人、どちらかが家事をする人というような「役割」で結びついてしまうと、不満が起こりがちです。妻、夫、父親、母親、稼ぐ人、家事をする人、育てる人など、役割で結びつくことはできます。「足りないところがあるから、補い合う」というのはよくある考えです。ですが、役割で結びついてしまうと、互いに役割に閉じ込められてしまうので、とても不自由です。その役割を変えざるを得ないときに、対応できなくなったりします。また、役割で結びついているだけなので、愛のあるパートナーシップで大事になる「価値観の共有」や「目的の共有」が起こるかどうかはわかりません。「稼ぐ人」の役割を果たせなくなったら、「金の切れ目が縁の切れ目」にもなりかねないのです。

役割で結びついてもいいのです。しかし、それだけにとどまっていると、変化に対応できないことがあります。長い人生です。周りの環境や役割が変わることはあると思います。その危機を乗り越えるために、「価値観や目的の共有」をして、深いつながりを持てば、役割に変化が起こっても大丈夫です。

役割での結びつきは、まさしく私そのものでした。私が稼ぐ役、相手が家事をする役だと思って、パートナーシップを結びました。サラリーマンとして過ごしているうちは役割を果たしていたので、それなりに関係は続きましたが、私の独立が視野に入ってきたとき、対応できなかったように思います。もっと自由に、柔軟であれば、対応できたのかもしれません。

コントロール・支配

パートナーから金銭の支出について詳しく報告を求められたり、交友関係を管理されたり、自由を奪われたり、言葉の暴力を受けたりするとき、あなたはパートナーにコントロールされていると思っていいでしょう。

関係がコントロールになってしまうとき、パートナーとの間では「主導権をどちらが握るか」に焦点があります。どちらかが上でどちらかが下、どちらかが主人でどちらかが奴隷、そんなふうに無意識に想定されています。

本当なら心と心でつながるはずのパートナーシップが、こういった主導権争いとコントロールになってしまうのは、コントロールしようとする側に「自分に対する自信のなさ」と、「相手に対する不信感」があるように思います。不信感というと言葉が悪いのですが、「自分には相手を引き留める魅力や才能がない。相手を自由にすると、相手は自分の許《もと》を去ってしまうだろう。それは恐ろしい。だから行動を制限しなくてはいけない」と無意識に考えているのではないでしょうか。

コントロールする側は、相手に罪悪感を持たせたり、無価値感を持たせたり、言葉や肉体的暴力を使ったりして、相手をコントロールしようとします。コントロールされている側としては、相手はとても怖い存在ですが、コントロールする側の心の奥底には自信のなさがあるのです。

一方的にコントロールされるばかりとは限りません。立場が入れ替わって、コントロールされていた側が相手をコントロールしようとすることもあるでしょう。

パートナーシップがコントロールになってしまい、苦しんでいる方は多いと思います。「私はかわいそう」といった被害者意識を持っていると、コントロールに陥《おちい》りがちです。

本当は心の通った関係を作りたいのに、コントロールによるつながりになってしまう。残念なことです。

でも、私が相手をコントロールしていないかというと、正直にいうとやっていました。幸せな関係を作ろうと思っていたのに、実際はコントロールになっていたかもしれません。コントロールが過度になると、ドメスティックバイオレンスやモラルハラスメントになってしまいます。そのときは、すぐにその場から逃げること。あなたの身体《からだ》を大切にするのも、大きなレッスンです。そして、専門家に任せてください。

我慢

パートナーシップに問題が起こったとき、どちらかが「我慢する」という対処をとることがよくあります。「自分さえ我慢すれば、すべて丸く収まる」と信じて、そのように行動するのです。我慢する側に、「自分が引かないと、関係は崩れてしまう」という思いがあるのでしょう。

「我慢」は日本人の精神構造に深く組み入れられています。そのため、「パートナーシップや家族は我慢」と親から教わるし、そう信じ込んでいる方が多いです。すると、「自分も我慢するから、相手も我慢すべき」と、自分と相手を制限するパートナーシップが生まれます。「結婚は墓場」という言葉がありますが、それは我慢のパートナーシップのことを指しています。

しかし、我慢で関係を維持している状態は、その関係がほとんど終わっていることを意味しています。お金のために関係を続けるのもアリかもしれません。経済力がないのに、関係から出るのは想像できないほど怖いことでしょう。また、お子さんのためにというのもあるとは思います。しかし、子どもの前で冷えた関係を見せたり、私の両親のように、ケンカばかりしていたりすると、子どもは「結婚ってよくないな」と思ってしまいます。それが子どものためになっているのか、考える必要があると思います。

何より、あなたがそれでいいのか。自分に問い掛けていただきたいです。

依存

誰かに「あなたはそれでいいよ」と言ってもらえないと、自分でいられない、安心できないとき、人は依存するためのパートナーシップに入ってしまうことがあります。しかし実際には、相手も依存してくるタイプが多いので、「あなたはそれでいいよ」とはなかなか言ってもらえない。むしろ逆に「『あなたはそれでいいよ』と言ってほしい」と要求されることも多いでしょう。どちらが主導権をとるわけでもないので、物事はなかなか決まらないし、心の交流も少ないでしょう。それでも苦労しながらなんとかパートナーシップを続けていくことはできます。「人生はこんなもの」という諦めに陥る可能性もあるでしょう。

別の形の依存では、自分よりもアンバランスなほど優れた人に魅力を感じて、パートナーシップを作る場合もあります。その人のなかに無価値感があって、相手と一緒にいると自分の価値が高くなったように感じられるので、そういう関係を作ってしまうからかもしれません。物質的には恵まれるかもしれませんが、元々がアンバランスな関係なので、パートナーシップを継続するのが難しいのが欠点です。

無関心

パートナーシップで問題が起こると、行き着く先は「無関心」なのかもしれません。付き合い始めたころは、相手のことが気になって仕方なかったのに、今ではまったく気にならない。同じ屋根の下に住んでいるとしても、相手は空気のような存在で、いてもいなくても同じ。相手が何をしようが、まったく気に留めることもなくなります。互いに好き勝手なことをしていて、関心があるのは、自分の周りのことだけになります。趣味のサークルだったり、ゴルフ仲間だったり。そこにパートナーの姿はありません。

無関心に陥ってしまうと、パートナーシップの実体はなくて、別々の生活があるだけでしょう。

なぜパートナー同士の点数付けが始まるのか

ここまでざっと、パートナーシップが壊れる要因を見てきました。本当にさまざまな要因で壊れるものだと思います。

望んでいるのは優しい関係のはずなのに、実際やってしまうのは非難だったりします。相手を非難してしまうのは、浮気やギャンブルとかお金の使いすぎとか、明らかに問題のあることを相手がしているからではありません。相手の行動の違いが損得として感じられ、それが気になってしまうのです。

それが「点数付け」です。パートナーの間では、互いの貢献を「点数付け」して、どちらが頑張っているとか、「私だけどうしてこんなにやらなくちゃいけないの」といった比較が起こりがちです。

私も過去そんなことをやっていました。どうしてこんな不毛な競争をしてしまったのでしょうか。

私はパートナーシップをうまく維持したいと思っていましたし、それができると思っていました。そのため、相手に「対等」を望んでいたのだと思います。それは恋愛で、自分が相手を好きになったら、相手も自分を好きになってほしい、という自然な気持ちと非常に似ています。「相手も同じであってほしい」という気持ちです。こんな意味での対等を無意識に望んでいました。

実際、私の場合、点数付けはパートナーシップの初期から起こっていました。嫌いだから相手を非難したのではないのです。相手に期待していたから、自分と相手を点数化して対等にしたかったのです。でもそこに無理がありました。

自分や相手を点数化し始めると、急速にパートナーシップは冷めて、非難合戦になっていきます。

「自分が相手を好きになったら、相手も自分を好きになってほしい」「相手も自分と同じであってほしい」という自然な気持ちや、「対等」「公平」といった世の中でよいとされていることから点数化や非難が起こってしまうなら、自然の流れに任せていたら、パートナーシップがすぐに変わってしまい、泥沼に陥ってしまうでしょう。

他人だったら違いを認めて許せるのに、パートナーだと違いを認められない。「同じであってほしい」と思うところに、問題の根っこがあるのです。

パートナーシップには元々壊れる要因がある

今、パートナーシップが壊れる要因を見てきましたが、それぞれの要因は本当によくあることだと思います。つまり、パートナーシップには元々壊れてしまう要因があると思ったほうがいいのです。

ただ誠実に日々の勤めを行っているだけでは、男性、女性ともに不満が起こってきます。男性、女性という異文化が出会って、一緒に生活するのです。よほど意識的にパートナーシップや二人のことを考え、意識的に話し、行動しないと、いい関係を維持するのは至難の業《わざ》だと思います。

そのためのノウハウはあるし、どれも有効です。本書でも、二人の関係を改善するノウハウめいたものも出てきます。

しかし、大事なのは表面的なことではなく、価値観や目的を共有するといった、「本当に深いところで二人がつながっているか」ということのように思います。これがないと、それぞれが別の方向を向いてしまいがちです。

本書ではこのように深いレベルからパートナーシップをとらえ、互いを高め、生まれた意味をまっとうしていく関係として描いていきます。

不完全と思うとうまくいかない

パートナーシップが壊れてしまう要因には、実は共通の前提があります。

それは、「人は不完全」という考えです。

「私は稼ぐのが苦手だから、稼ぐのが得意な人といたい」「私は家事が苦手だから、家事が得意な人といたい」……もっともです。互いを補い合うために、関係を作ることはよくあります。役割での結びつきです。

しかし、意識的・無意識的に役割で結びついてしまうと、いざというとき、その役割から離れにくくなるのです。

例えば、男性のほうが稼ぐのが得意で、主に男性が収入を得ている場合、子どもができて女性の負担が大きくなったときでも、男性はなかなか家事をやってくれません。「オレの仕事は稼ぐことだから、家事はやらなくていいんだ」という言いわけが成り立ってしまうのです。収入にかかわらず、家事のスキルがない男性は、そもそも家事をやろうとはしません。

自分が不完全だと思っていて、自分に自信を持てない状態でパートナーシップに入ると、いろいろな問題が起こってきます。「あなたはそれでいいよ」と言ってもらいたくて、ついその言葉を要求してしまったり、相手をコントロールしたり、「○○してくれない」と不満を募らせたりします。男女に限らず、こういうことは起こってくるでしょう。

自分一人では、完全じゃない。幸せじゃない。何かが欠けている感じがする。何かが足りない。

これを「欠乏感」と呼びます。欠乏感を持っていると、欠乏感を感じさせる出来事を経験しがちです。欠乏感は欠乏感を引き寄せるのです。

「自分は完全ではない、だから誰かとパートナーシップを持とう。そうしたら欠乏感が埋まって、もっと満たされた幸せな感じになるだろう」

こんなふうに期待しても、実際経験するのは、パートナーシップでいろいろ問題が起こってうまくいかない、ということになるのです。

男女の性差に仕組まれた罠

「でも、元々男と女は違うから、一緒になりたいのでしょう？　子どもを産むのは女性だし、男女は違うからパートナーになるのでは？」と思う方もいるでしょう。もっともです。地球は男女がペアになって学ぶ仕組みになっています。

しかし、男女の性差ばかりに目を向けると、役割や欠乏感で結びつくことになりがちです。役割で結びつくとパートナーシップが壊れやすくなるので、パートナーシップには元々罠《わな》が仕組まれていると思っていいのです。

大事なことは、男女の性差を、「何かが足りない」という欠乏感や不完全さに結びつけないことです。

男性も女性も、どちらもかけがえのない存在です。どちらも足りないことはありません。男性のなかにも男性性と女性性があり、女性のなかにも女性性と男性性があります。男性性と女性性をバランスよく使うことで、欠乏感は少なくなっていきます。

「もし、一人で完結して満たされているなら、わざわざパートナーシップを結ぶ必要はないのでは？」と思う方もいるでしょう。それが欠乏感に基づくパートナーシップの考え方そのものであることに気づいてください。

欠乏感や不完全さとは違うパートナーシップがあるのです。本書で伝えたいのは、そんなパートナーシップのあり方です。

そういう私は初めて結婚したときは、欠乏感を基に、役割で結婚しました。両親からも、身近な人からも、パートナーシップや結婚について学ぶ機会がなかったのです。

幸せはどこからやってくる？

新しいパートナーシップの形をお伝えする前に、愛や幸せについて整理しておきましょう。

「幸せ」について、どんなイメージを持ちますか？　最愛の人と笑顔でいること、自分が周りの人に受け入れられていること、物質的に豊かであること……人によってイメージはさまざまでしょう。

しかし、「幸せがどうもたらされるか」ということについては、二通りの考え方に集約されます。

一つは、「幸せは外側からやってくるもの」「幸せは他人が与えてくれるもの」という考え方。

もう一つは「幸せは自分の内側からやってくるもの」という考え方です。

あなたはどんなとき、幸せを感じますか？　愛する人とハートとハートがつながったとき、おいしい食事をいただいたとき、猫の毛のシルクのような手触りを感じたとき……。どれも「愛する人」「おいしい食事」「猫の毛」というように外側の刺激が基になって幸せを感じているようです。人間ですから、外側の刺激から何かが始まるのは、よくあることです。

一方、外側に何も起こっていなくても、「幸せ」の感覚を呼び起こすことができます。このときあなたは「幸せだな〜」と思って、ちょっと笑顔になっているでしょう。

これまで、物質世界の刺激に慣れている方は、「何はなくとも自分だけで幸せ」の感覚を得られることがピンとこないかもしれません。

心配事や考え事をしているなら、それをやめてみてください。そして、ラクにリラックスしてみましょう。あなたは何をする必要もないし、そのままただそこにいるだけで

ＯＫです。さらに温かい飲み物を飲んでみると、心のなかになんともいえない安らぎや温かさが起こるのを少しでも感じられる方もいるでしょう。

今感じているのは、「自分が自分である」ことの快適です。

この感覚も「幸せ」なのです。

「幸せ」ってこんな小さなものでもあるのです。

執着の世界

「幸せは外側からやってくるもの」「幸せは他人が与えてくれるもの」という考え方は、「執着の世界観」につながっています。

「執着」とは「あなたが何かにくっつくこと」です。「どうしても、○○さんじゃないとダメ」とか「△△がないと人生は無意味」といった考え方が執着です。外側の出来事や他人が幸せを運んでくれると思っているので、それにこだわってしまうのです。こだわって、それが得られないと不幸になると思っています。

物質主義の世界に生きていると、いい結婚をすることが幸せだし、たくさんお金を持つことが幸せだし、いい洋服を着ることが幸せだと思ってしまいます。そして、実際、そうしたものを得ようと躍起《やっき》になって、かえってストレスが増えているのが現状ではないでしょうか。

「執着の世界」というと、執着を非難しているように感じるかもしれません。むしろ、あなたには相手に対する期待感があるんだと思います。「相手も私と同じぐらい好きになってくれたらいいな」というような。しかしこの自然な気持ちが、自分と相手を点数化して相手を非難するような行動につながるのなら、考え直す必要がありそうです。

愛とは

一方、「幸せは自分の内側からやってくるもの」という考え方は、「愛の世界」につながっていきます。

これまで愛を定義せずに使ってきましたが、ここでいうのは本当の愛のことです。愛は「好き」「大好き」ということではなく、「優しい気持ち」「親切心」「ケアする気持ち」「慈悲・許しの心」「思いやり」「相手のためになりたい気持ち」などの総称のことをいっています。愛は謙虚で穏やかな性質も持っています。

私が使う「愛」は、感情の一形態というよりは、私たちの本質のことを指しています。本質ですから、あなたと愛はいつもともに存在するし、あなたは「私は愛である」と言っていいのです。

愛は誰かからもらうものではありません。あなたのなかに燃えさかる炎のようなものです。また、自分の内側から湧き出る清らかな泉のように、涸《か》れることなく周りに広がっていきます。こんな意味で、愛は「与えること」なのです。先ほど挙げた「優しい気持ち」「親切心」「ケアする気持ち」「慈悲・許しの心」「思いやり」「相手のためになりたい気持ち」は、すべて外側に向かっていくことからも、「愛は与えること」というのが理解できます。

こんな意味での愛は誰のなかにも元々あるものです。しかし、生きるなかで、愛の性質を引っ込めてしまった方もいるでしょう。でも、この意味での愛はあなたのなかから失われることはありません。あなたが自分を守っている鎧《よろい》を脱げば、あなたは愛なのです。

愛は感情の状態だけではないというのは、以上のようなことからご理解いただけると思います。愛はむしろ「私たちのあり方そのもの」なのです。

私は、人は皆、こんな意味での愛なのだと思います。

しかし、国民性や習慣によって、愛をオープンに表現しない民族もいます。日本人はその傾向が強いです。それでもすべての人は愛だし、愛を表現できると思います。

「凶悪な犯罪者はどうなの?」と思う方もいるでしょう。犯罪者も、なんらかの理由で自分の本質から大きく隔《へだ》たってしまっただけで、本質は愛だと思います。犯罪者も、愛が得られなかったからそうなったのかもしれません。もしそうなら、犯罪者も愛を欲しているし、その人の核は愛だといっていいのです。

愛はなんらかの「つながり」から生まれてきます。

大好きな人と一緒にいるとき愛を感じると思うのは、その人と深いところでつながっているからです。

愛はハートとハートのつながりであり、つながりを通じて相手と文字どおり一つになることです。

しかし、周りに人がいなくても愛を感じることができます。何も強制されず、自分が自分らしくしていて、自分と「本当の自分」(魂のこと)がつながっていると感じられるとき、同じように愛を感じることができます。

恋愛感情を持たない相手であっても、深いところ（魂など）でつながると、愛を感じることができます。

私にはこんな体験があります。

スピリチュアルに目覚めて、それほど年月がたっていないころの話です。横断歩道で信号が青になるのを待っているときのことです。

横断歩道の向こう側にはたくさんの人が待っています。そのなかに、若い男性が見えました。その瞬間、彼と何かがつながって、彼に対して愛おしい気持ちが湧いてきたのです。恋愛感情ではありません。同じ時代を生きる同志に対する気持ち、というのが近いでしょうか。一体感だけど、もっと熱い気持ちが沸き起こったのです。やはり一番近い言葉は「愛」です。

私はこんな愛の体験が、歩いていようと、電車に乗っていようと、頻繁に起こります。それは私たちの本質が愛だからで、愛という本質を覆っている薄皮がめくれると、愛が勝手に現れてくるようなものなのでしょう。

「そんなこと体験したことがない、想像できない」なんて思わないでください。こんな愛を感じる人は私以外にもたくさんいます。あなたが成長すれば、予想しないときに突然起こってくるかもしれないのです。

愛の世界

愛は誰かからもらうものではなく、元々あなたに備わっている性質です。むしろ、あなたから愛が湧き出てくる。そんな感覚です。

「愛の世界」の世界観なら、愛や幸せを感じるのは自分の内側での作業になります。なぜなら、愛は元々自分の内側にあるもので、外側で何が起こっているかは本来的に無関係だからです。愛は感じようと思えば、感じることができるのです。そのため、「愛の世界」の世界観では出来事や人などへの執着がありません。そのため愛は自由で、軽やかです。「ねばならない」といった思考とは無縁です。

「愛」というと、自分と相手の関係のことだと思われるでしょう。しかし、愛の基礎にあるのは、自分と自分との関係です。自分が自分をちゃんと理解し、認めているか。そして、肉体の自分を超えた「本当の自分」(魂)と呼ばれるような存在と自分がともにあるか。これが自分を愛することです。そんなことが大事になってきます。これについては、また第4章で詳しく解説、検討していきましょう。

執着の世界から愛の世界にシフトする

私は過去、「執着の世界」の住人でした。相手をなんとか幸せにしようと頑張っていました。しかしそれが損得の点数化になり、非難合戦になり、コントロールになり、果てしないケンカになりました。それは、「幸せは外側からやってくる」という考えに元々うまくいかない原因があるからのように思います。幸せは自分の内側からやってくるものだからです。

もちろん、考えたり、選択したりしなくても、自然にうまくやっている人たちもたくさんいると思います。

しかし、それ以上にパートナーシップに悩んでいる人は多いのです。きっとあなたもそうだと思います。

そして、私は徐々に「執着の世界」から「愛の世界」に移行し始めました。相手を幸せにしようだとか、相手から愛をもらおうだとか、そういうことをしなくなりました。それよりも、自分とつながって、自分らしくあろうとしました。自分との関係をさらによくして、愛や幸せは自分の内側にあることを感じるようになりました。

そして、一人の生活者としても成長するようにしました。料理などの家事はからっきしダメだったのですが、必要に迫られて料理を始めました。最初は素材の切り方も知らなかったのですが、今では作り方を教えてと言われるほどの腕前です。こうして欠乏感、「○○ができないから」という理由での相手との結びつきが減っていきました。

「自分の幸せの手綱《たづな》は、自分が握っている」「相手の幸せの手綱は、相手が握っている」と思えるようになると、不思議なことに二人の関係はとても風通しのいいものになってきました。依存での結びつきが減って、相手をリスペクトするようになったからです。

もしあなたが今、相手に幸せにしてもらおうとする「執着の世界」で苦しんでいたり、二人の関係がうまくいかなかったりするのであれば、私は、あなたが「愛の世界」にシフトすることをお勧めします。「パートナーシップであっても、自分を幸せにできるのは自分だけなんだ」という考えを採用するのです。

「相手を幸せにする」とか「相手に幸せにしてもらう」というのを意識的にやめるとき、

パートナーシップは次のステージに入ります。自分も相手も自由になり、さらに成長することができるのです。これが本当に素晴らしいのです。しかも、「執着の世界」に住んでいたときよりも、さらに深い結び付き＝愛を体験することができるのです。

残念ながら、今はパートナーがいない、という方にも、「愛の世界」へのシフトはお勧めです。なぜなら、「執着の世界」にいてもトラブルばかりでなかなか愛や幸せを実感できませんが、「愛の世界」は愛や幸せに直接つながっているからです。

「執着の世界」と「愛の世界」は薄い壁で隔てられているだけです。実は、そんなに離れていないのです。ただ考え方を変えればいいのです。愛やパートナーシップの劣等生だった私でも移行することができました。あなたならもっと上手にできるでしょう。だからどうぞついてきてください。

「執着の世界」から「愛の世界」へのシフトなんて、本当に必要なのかと思われるかもしれませんが、私にとってはそうした「執着の世界」にいるときは、パートナーシップのすべてが謎すぎて、スキルを学べばうまくいくといった発想さえ浮かびませんでした。せいぜい我慢することぐらいしか、できることがありませんでした。

ここでお伝えしているような「法則」を知識として学んで、それを実行したから、今の私があるのだとつくづく思います。

「執着の世界」でもがくのではなく、「愛の世界」にシフトしてください。本書ではその考え方と方法をお伝えします。大丈夫、きっとできますよ。

ここでお伝えする情報やノウハウは、スピリチュアルな法則に基づいています。もちろん、スピリチュアルに目覚めていないと、実行できないことではありません。スピリチュアルを知らなくても、自然と行っている方もいると思います。それはそれでOKです。ですが、スピリチュアルの基礎を身につけると、深い安心感や自信を持つことができます。それが、あなたにいい影響を及ぼすでしょう。

「相手がスピリチュアルに拒否反応がある」……また相手の気持ちばかり考えていませんか？　「スピリチュアルに拒否反応がある」という人に限って、実は興味があったり、筋がよかったりするものです。相手はともかく、まずは自分の興味を優先させていいのです。

では、次章から実際にパートナーと出会い、素晴らしいパートナーシップを作るためのプロセスを解説していきましょう。

第2章

素晴らしいパートナーシップの原理

非婚主義から結婚、離婚、再婚へ

不仲な両親を見てきたので、結婚なんてするもんかと思っていました。

一つ歳上の兄は一足先に結婚して、子どもをもうけていました。食事に呼ばれて、兄夫婦と姪に接し、両親とは違う温かさを感じました。結婚してもいいかも、と思えてきました。

そして、バブルが終わったころに、付き合っていた女性と結婚しました。

楽しいこともありました。でも、私が責任ある役職に就いたころから、ケンカが多くなってきました。それでも、互いに頑張ってなんとかやっていました。結婚してから20年たとうかというあるとき、完全に道が分かれるような出来事がありました。

それと前後して、今の妻と道が交錯しました。私はスピリチュアルに目覚めていて、いろいろなシンクロやサインに気づいていました。すべてがそちらの方向だといっていました。

魂の道はこちらだと思いました。好き嫌いでは説明できない、独特な力を感じました。

悩んだ末、離婚が成立し、今の妻と再婚しました。

しかし、私の対人スキルが変わったわけではないので、最初からうまくいったわけではありません。危機がいくつもあったというのが本当のところです。でも、今回はある法則を互いが知っていたので、冷静に対処しました。自分の思いを手放し、いい関係を作るよう効果的に努力しました。

今の妻に導いてもらった、というのが公平な見方です。

おかげで、今では二人の関係は最高です。子ども時代や初婚のときに愛や家族に悩んだのがウソのようです。仕事でも、引き寄せの法則を互いに似た角度からお伝えしたり、魂の仕事である海外の聖地巡礼に一緒に赴《おもむ》いたり、同じ価値観や目的を共有し、宇宙のために働いている実感があります。互いの自由と成長に可能な限りコミットし、魂レベルの深いつながりを日々感じています。それがさらに深くなっています。

体験してわかった七つの原理

私は、両親のパートナーシップ、そして自分自身のパートナーシップで学ぶうちに、パートナーシップを幸せなものにするには、七つの原理があると気づきました。それは学校でも教わっていないし、親も教えてくれないことです。

しかし、パートナーシップをよりよいものにし、永続させるために理解し、実行したい原理です。それを解説しましょう。

1. 自分とのパートナーシップを最高にする

一番大事だと思うのは、相手とのパートナーシップを考える前に、自分とのパートナーシップをよりよいものにすることです。自分とのパートナーシップを本書では「セルフ・パートナーシップ」と呼ぶことにします。

なぜなら、あなたとあなた自身の関係が、外側にパートナーシップとして実現するからです。

「自分と自分との関係なんて考えたこともない」という方もいるでしょうし、いつも気にしている方もいるでしょう。

あなたがあなたをどう思っているのか、どう見ているのか、どういう関係を作っているのかが、セルフ・パートナーシップです。

自分自身との関係が愛ある優しいものであれば、パートナーとの関係も愛ある優しいものにできます。「自分を愛せると他人も愛せる」「自分を愛せないと他人も愛せない」ということです。

逆に、自分に対していつもダメ出しばかりして厳しかったりすると、パートナーとの関係でもダメ出しをしたりされたりして、厳しいものになるでしょう。これが引き寄せの法則の結果です。自分の内側にあるものが、外側に起こってくるのです。

パートナーシップでは、相手との関係をどうするかばかりに目が向きがちですが、一番根本的で大事なのは、セルフ・パートナーシップなのです。

「自分を愛する」とか、「自己肯定」だとか、言葉にするのは簡単ですが、自分との関係をよくしていくのは、一生をかけて行う仕事だと思います。

自分の才能や能力をしっかり認めてあげる。自分に制限はつけない。「周りはスゴイ人ばかり」などと他人と比較して自分を貶《おとし》めない。ちゃんと自分を褒《ほ》める、ねぎらう。自分の感情は自分でケアして、いい感情をキープする。自分を肯定できないブロックなどを持っているなら、それを手放す。自分にもしっかり与える、養う。基本ですが、こんな状態を作っていきます。

人は「自分を肯定している」と思うとき、自分の都合のいい部分だけを肯定していることがよくあります。実際には、誰にでも自分の嫌な部分、見たくない部分があります。人に見せるのは恥ずかしかったり、不都合だったり、隠しておきたい部分です。これを「シャドウ・セルフ」（以下、単にシャドウと呼ぶ）といいますが、シャドウをあえて見て、それも受け入れ、肯定するのもとても大事です。

今、自己肯定の話をしてきたので、セルフ・パートナーシップは自己肯定のことかと思われるかもしれません。本当のところは、自己肯定というよりは、「自分を丸ごと受け入れる」という言葉のほうが近いように思います。

例えば、私は「料理ができない」と以前は思っていました。しかしあるとき、必要にせまられて料理をしてみました。すると、とてもおいしい（！）のです。その後、料理をずっとやっていますが、なんでも作れるし、素材の意外な組み合わせや調理法が楽しくてなりません。

これまでは活性化させていなかったけれど、きっと料理は私の才能やギフトの一つだと確信しています。ほかにもいろいろな才能が自分には隠れているはずです。

隠れた才能を持っている自分を、丸ごと受け入れ、祝福するのが、セルフ・パートナーシップをよりよいものにする秘訣のように感じます。

私は食べるのが大好きなので、料理は自分が自分に与えられる楽しみなのです。

自分で自分を楽しませることをやっていると、「幸せは内側からやってくる」のが、少しわかってくると思います。

楽しみや喜び、幸せは、自分の内側からやってくる。

この感覚を育むことが、セルフ・パートナーシップをよくするうえで非常に大切です。シャドウや潜在能力も含めて、自分を丸ごと受け入れ、自分で楽しんでいるとき、実は生命力があなたのなかにどんどん流れ込んでいます。自分を超えた「本当の自分」「大いなる命」「偉大な存在」と、肉体を持った自分のズレがなくなっているのです（図）。

こんな状態のとき、自分にブレがなく、自分らしく考え行動し、周りに影響されず、エネルギー的に強い存在でいられます。

「肉体の自分」と「本当の自分」がつながっている状態。まずはこんな状態を目指していただきたいと思っています。

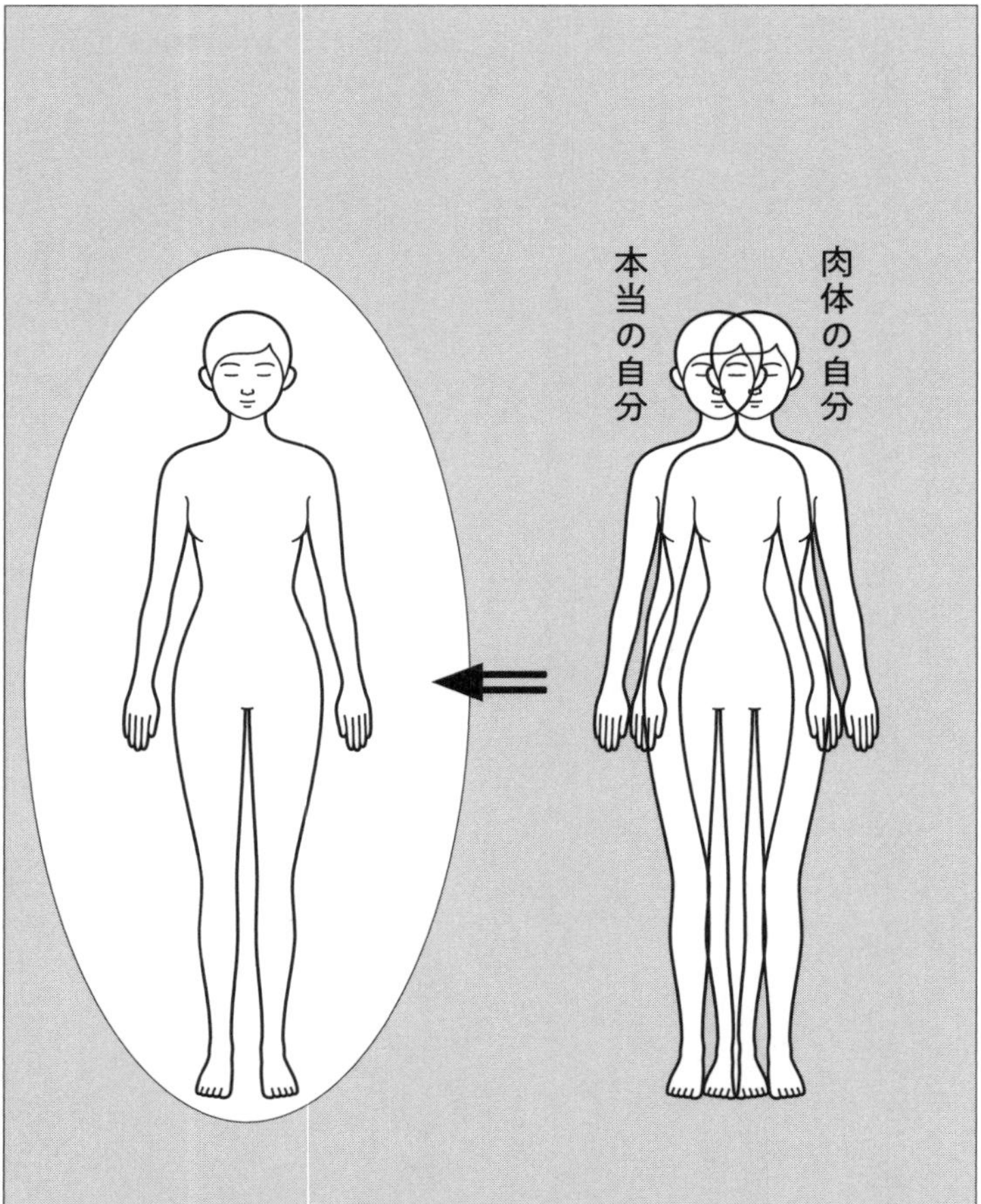
肉体の自分
本当の自分

波動は高く、エネルギー的に自立した状態です。

こんな状態のとき、ソウルメイト（魂の伴侶《はんりょ》）に出会い、さらに自分を成長させることができます。

セルフ・パートナーシップはとても大切なので、第3章でさらに詳しく見ていきましょう。

2. コントロールできない相手を信頼する

いいパートナーシップを作り上げるために、相手を信頼することが必要なのは、いうまでもありません。相手を信頼できなかったら、愛ではありませんよね。

しかし、手放しで相手を信頼しているかというと、答えはNOではないでしょうか。

あなたは、相手が自分に背《そむ》くことはないと言い切れますか？　あなたは、相手がずっと自分を愛してくれると自信を持てますか？　未来に何が起こるかわかりません。相手が変わる可能性だってゼロではありません。

そうです。相手はコントロールできないのです。

そのため、なかには結婚という制度を使って関係を安定させようとする人もいますし、何かにつけて相手をコントロールしようとする人もいるかもしれません。

しかし、コントロールがパートナーシップを壊してしまうのは明白です。誰だって、「ああしちゃいけない、こうしちゃいけない」とコントロールされたら、その関係は嫌になってしまいます。コントロールしたい気持ちが関係を壊すことは第1章で既に書いたとおりです。

なのに、多くの人が、愛することより、関係を続けるために、相手をコントロールしたい誘惑に駆られます。過去、パートナーとの間で何かがあった場合は、特にそうでしょう。

でも、それはうまくいきません。関係を壊してしまうだけです。

ということは、相手というコントロールできない存在を信頼する、信じることが、パートナーシップをうまくいかせるために必要、ということになります。

あなたは、コントロールできない相手をコントロールせず、信頼できますか？　コントロールしなくても、相手は自分と関係を続けてくれると思えますか？

コントロールできない相手を信頼するには、二人の「つながりの強さ」が関係すると思います。

二人に強いつながりがあれば、相手を信頼することができるでしょうし、つながりが薄ければ、相手を信頼できず、コントロールしたくなり、逆に関係は崩れることになるでしょう。

また、自分に対する信頼が、相手への信頼にも投影されるでしょう。1.（62ページ）のようにセルフ・パートナーシップをいいものにして、自分の存在に対して「これでいい」と許可を出し、自分を信頼することができれば、相手を信頼することができ、コントロールを行わずに済むのです。

一方、セルフ・パートナーシップがうまくいかず、自分にダメ出ししたり、責めたり、たいしたことないと思ったりしている方は、自分に「これでいい」と許可を出せず、自分を信頼できず、相手のコントロールに陥りがちです。間違えないでください。コントロールするのは弱い立場の人なのです。人は自分に自信がないと、周りをコントロールしたくなるのです。

コントロールできない相手を信頼する。それがパートナーシップをよりよいものにするのですが、自分を信頼できないとそれは難しくなります。セルフ・パートナーシップをいいものにして、自分と相手を信頼するよう成長することが望まれます。

あなたがなんでも思いどおりにしなくては気が済まないタイプだと、相手を信頼するのは難しいかもしれません。相手という、自分を超えたものを怖がらず、宇宙がうまく取り計らってくれると信頼する生き方があるのです。それが「委《ゆだ》ねる」生き方です。「委ねる」と「信頼する」は同じことです。パートナーシップをうまくいかせるためには、なんでも思いどおりにするのではなく、宇宙に委ねるスピリチュアルな態度も必要になるでしょう。

本当に相手を愛しているとき、相手が自分をどうするかを相手に任せることができます。これが委ねる態度です。愛しているとき、自分を相手に委ねている。そういうものです。

自分を相手に委ねるのを「怖い」と思う人もいるでしょう。相手と溶け合って、自分がなくなるように感じられるのです。愛の怖さです。しかし、実は「愛が怖い」と思うとき、あなたのなかには手放すべき感情が現れているのです。その感情をあとで紹介する方法で手放していけばいいのです。

3. 価値観を共有する

相手はコントロールできません。相手が何をするかは、わかりません。そんな相手を信頼することが必要なのですが、どうすればそんなコントロールできない相手を信頼できるのでしょうか？

信頼のベースにあるのが、「価値観の共有」です。別のいい方をすると、「目的の共有」といってもいいです。

価値観とは、「人生で何を大事にするのか、どこへ向かうのか」についての考え方のことです。この価値観は、人によって異なりますが、パートナーシップを継続するには、異なる価値観を明確にし、そこから共通の価値観を生み出す必要があります。しかも価値観を常にアップデートして共有する。こんな地道な作業がパートナーシップには必要です。

これをかなり意識的にやっていくのです。

「価値観をすり合わせるなんて、水くさい」「そんなことしなくても、一緒に住んでいれば価値観を共有できる」「察してほしい」と思うかもしれません。パートナーシップを結んだ当初は、なんとなく価値観や目的が共有されているはずです。「結婚したら、どんなふうになりたい？」って、話し合うと思うんです。だからパートナーシップが成立したわけです。

しかし、生活するなかで、価値観は徐々に変わっていきます。子どもを作る、家を建てる、年収を〇〇万円にするなど、当初想定した目的が達せられると、パートナーシップを結び続ける理由が乏しくなります。すると、だんだん、それぞれが自分の価値観に従って行動するようになり、さらに価値観や目的が共有されにくくなるのが実情ではないでしょうか。そして、「価値観の相違」があまりに意識されると、別れに結び付いていくのです。

私はまさにこれでした。

素晴らしいパートナーシップを経験するには、二人が対話するベースを持ち、「二人が何を大事にし、どこへ向かいたいのか」という価値観や目的を話し合い、共有する必要があります。そのためには、自分が何を大事にし、どこへ向かうのかを知らなくてはなりません。この意味でもまずは自分。自分を知り、自分自身の関係をよくするセルフ・パートナーシップが、価値観の共有にもつながるのです。

価値観の共有は意識的にやるのをお勧めします。日常では、パートナーは双方とも生活に忙しく、自分の価値観について話す時間もとれないと思います。意識して互いの価値観や目的について語り合う時間をとってください。事前に準備をして、自分が何を大事にするか、どこへ向かいたいかをまとめておくといいでしょう。

一年に一回でもいいです。価値観の共有のために合宿するのもいいでしょう。それぐらい価値があることです。

4. パートナーシップは進化する

パートナーシップを結ぶとき、「この関係が永遠に続きますように」と思う方が多いのではないでしょうか。そして、相手が出会ったときの魅力的な人から変わってほしくないと、思うものです。

しかし、実際にはパートナーシップはどんどん変わっていきます。相手の考え方も変わります。自分も変わります。だからこそ、互いの価値観を意識的に確認し、共有することが必要になるのです。

人は自分に自信がなかったり、不安だったりすると、自分も相手も変わるのを許しません。今のままでいることが関係の維持につながると考えるのです。そして、相手をコントロールしたりします。しかし、それは非常に窮屈だし、人は変わるという実態に合ってもいません。そのため、昔にこだわったり、関係を固定化しようとしたりすると、逆にうまくいかないのです。

つまり、「自分も、相手も、パートナーシップも変わっていくんだ」ということを前提にしておくのがいい方法です。

そして、ともに成長することを忘れない。女性が自分自身との関係を高めて、自分の才能に気づき、起業することになった。それを知った男性が、少ないかもしれないけれど、開業資金を出してくれたら、どんなに助かるでしょう。女性と男性が逆の場合もしかり。「今の暮らしを変えなければ何をしてもいい」といった現状維持の考えでは、ともに成長することはできません。それぞれが自分を磨いて成長する。子どもがいようが、それは変わりません。成長すると価値観が変わるので、それを互いにシェアして、パートナーシップも別の目的を追うようになるかもしれません。このようにして、パートナーシップが日々更新され、新しいものになっていると、二人の関係もいいものになっているでしょう。どちらか一方ではなく、互いに進化する。パートナーシップも進化する。こんな形に持っていきたいものです。

しかし、なかには、どちらかが進化すると、他方がすねてしまい、進化を止めるようにコントロールをしてくる関係もあるでしょう。例えば、起業しようとすると、収入が見えないため、家族が待ったを掛けるケースが非常に多いのです。

自分をコントロールして進化を止めさせる相手の姿を見て、あなたは進化を諦めるでしょうか？　諦めないですよね。

こんなとき、対話がないと、パートナーシップはどんどん壊れていきます。壊さないためには、あなたが何を思っているか、冷静に相手に伝えることです。相手には不安があるはずなので、何が不安なのか、それに対する手立てはないのか、冷静に考えてみることです。あなたがこれまで互いの価値観を共有して、パートナーシップを新しくする経験をしているなら、相手も対応して成長するでしょう。こんな姿勢をぜひ持っていたいものです。

5. パートナーは学びの相手

パートナーは、あなたを愛してくれ、支えてくれるロマンチックな存在です。しかし、それだけではなく、あなたと日々一緒に暮らし、異なる価値観を共有し、互いに考え方を変え、成長し、共通の目的を成し遂げる存在でもあります。あなた一人では気づかない問題や思い込み（ビリーフ）を鏡のように見せてくれ、成長するためにどんな思考や行動をとったらいいのかを学ぶ相手。それもパートナーの大きな意義です。この意味で、パートナーは学びの相手です。

しかも、パートナーとは一番身近に接することが多いので、非常に大きな学びになります。

私はパートナーとの間でたくさんの学びを行っています。

私はかつて「男性は女性を守らなければいけない」と思っていました。何かのおりに「暴漢に襲われたら、男性は女性を守らなければいけない」と言ったところ、「守らなくていい。〝死〟はないから」と妻に言われました。暴力や争いを戒《いまし》めて、こう言ったんだと思いますが、そのときはとてもビックリしました。「〝死〟はない」と思っていても、「守ってほしい」と思いそうなものですが、そうではなかったからです。「ああ、そうか、男性だからといって女性を守らなくてていいんだな」と思いましたが、実際そんなことが起こったら、私はどうするでしょうか。きっと、守ろうとして立ち向かうと思います。一目散に逃げちゃうかもしれませんが。

また、こんな学びも印象に残っています。私は「夫婦は同じ場所に住むべき」と思っていました。父親が単身赴任して家族と離れたため、うまくいかないことが多かったからです。ところが、妻は、「海外に行きたい、移住したい」と言っていました。当時のビジネスの状態を考えたら、日本にいる必要があったので、私は反対でした。しかし妻は「あなたが行かなくても、私は行く」と宣言して、実際頻繁に海外に行っていました。私は日本でお留守番。最初は「別々の生活が始まったら、どうなるだろうか？　別れることもあるかもしれない」と私は思いました。それだけの覚悟をしました。でも、実際やってみると、大きな変化はなく、むしろやりたいことをのびのびやって、関係がよくなったほどです。こういうのも大きな学びです。

私は、成長するために「手放し」を方法としてお勧めしています。手放しとは、思考や感情、またはビリーフ（信念、思い込み）を心のなかからなくしていく方法のことですが、パートナーとの学びで行っているのは、まさしく「手放し」です。自分の内側にある思考や感情、特にビリーフを変えていく作業をしました。正確にはさせられた、というところですが、そのおかげで、ずいぶん成長したと思います。

パートナーとの学びは最高で最速。そう思います。

なお、手放しの方法は、本書でもいくつか紹介していきます。

6. 魂での共鳴

人を好きになったことがある人なら、人を好きになった瞬間を覚えていると思います。でも、「なぜその人を好きになったか」という理由は、言葉では説明しにくいのではないでしょうか。それをあえて言葉でいうなら、「ハートが震えた」「ときめいた」「ビビッと電気が走った」「結ばれると思った」というようなことかもしれません。自分の中心部に何か特別な感覚が起こったのです。あなたの体験を思い出してみると、その人の外見がどうとか、性格がどうとか、そういったことと関係なく、こんな感覚は起こり得ることだとわかるかもしれません。

私にとっては、人が人を好きになるのは「魂が共鳴するから」というのが一番しっくりくる説明です。

すべてはエネルギーであり、エネルギーには周波数がある。それを波動といいます。波動は音と似ていて、同じ周波数を持つ二つの音叉《おんさ》があると、片方を鳴らしたとき、もう片方も共鳴して振動します。

あなたは、魂レベルでユニークな波動を放出しています。このユニークな波動が相手の波動と共鳴した、というのが「人を好きになる」ことだと私は思います。波動についてはとても大事なので、第3章でも解説します。

恋愛感情はなくても、「なぜか気になる」「なぜか興味を引かれる」人は、異性、同性を問わずいると思います。これも「魂の共鳴」が起こっているからではないでしょうか。

とすると、魂が共鳴する対象は比較的多いと考えていいでしょう。

そのなかで、パートナーとして生活をともにする人は、特別な魂の共鳴があると思って間違いありません。

魂の共鳴に伴うこんな体験がなくても、あなたがパートナーシップを結ぶ人とは、なんらかの意味で魂の共鳴があるのです。

魂の共鳴に基づくパートナーを「ソウルメイト」と呼びます。私の知る限り、素晴らしいパートナーシップを実現している方は、全員がソウルメイトです。たまたま出会ったという感じがしないのです。理由があって出会っている。それがソウルメイトだと思います。私と妻もソウルメイトです。こういう魂の共鳴に基づく関係が増えている、というのが私の実感です。

魂の共鳴とか、魂のつながりがあるから、パートナーシップの課題も乗り越えられる、というのが、私の偽らざる気持ちです。そして今世《こんせ》、地球にこのタイミングで生まれた理由も明らかになり、その目的の実現のために二人で邁進《まいしん》できるのです。

ソウルメイトについては第5章で詳しく解説していきます。

もし、あなたが今のパートナーに幻滅して、とてもではないけれど、二人で同じ目的を追うなんてムリと思ったとしても、あなたはその人と理由があってパートナーシップを結んでいます。それは何かを学ぶためです。

どうぞ焦らず、目の前に起こっていることに誠実に対応してください。そして、「やりきった」とあなたが思えたら、新しい扉がきっと開きます。そして、本書に書いてあるような愛を自分のなかに育んでいく。それが一生の学びです。

7. 無条件の愛

素晴らしいパートナーシップには、愛が必要です。しかし、愛といっても、これまで私たちが体験した「条件付きの愛」では、うまくいかないのが本当のところです。

「条件付きの愛」とは、文字どおり、「条件あっての愛」です。学業でいい成績をとったら、親からご褒美をもらえたのに、成績が悪かったらご褒美はもらえない……こんなことってよくあると思いますが、「成績がよかったらあなたを愛するよ」「いい子でいたらあなたを愛するよ」という条件が付いた愛が、条件付きの愛です。

逆にいうと、条件付きの愛は「あなたが悪いことをしたら、私はあなたを愛さないよ。罰するよ」ということになります。

条件付きの愛は、私たちも日常やっていると思います。「あなたが私を愛してくれるなら、私も愛するよ」「あなたが私を愛している証拠を見せてくれたら、私もあなたを愛するよ」……こんなことはよくあることです。

しかし、この条件付きの愛をパートナーシップに持ち込むと、パートナーシップはうまくいきません。相手が自分の思いどおりにならないことは普通にあるので、そのたびにあなたは愛を表現せず、むしろ相手を罰したりするでしょう。

もし、あなたがそんなことをしていたら、すぐにやめてください。非難合戦に発展する可能性が高いからです。

「悪いことをしたら罰するのは当然。相手が悪いんだから」……この考え方も、パートナーシップをダメにしてしまいます。

条件付きの愛がうまくいかないなら、あなたにできることは……そうです、無条件の愛です。

条件を付けずに愛するのが、無条件の愛です。どんなときでも愛でいるのです。

こんなことってありますよね？　母親が、自分の息子が罪を犯したのを知った。悪いのは息子。それでも、母親は息子をかばったり、息子の無実を信じて、「あの子がそんなことをするはずない」と言い続けたりした。正しいか間違っているかではなく、このとき母親は息子を無条件に愛しています。

私たちは愛を表現するときに、条件を付けるのに慣れすぎています。しかし、条件付きの愛では、パートナーシップはうまくいきません。

いきなり完璧を目指さなくていいのです。私も人間だし、あなたも人間。無条件に愛せないこともあるでしょう。ですが、無条件の愛を持てるよう、練習を続けていけばいいのです。

深いつながりがあったからこそ

私は今でこそスピリチュアル・パートナーシップの好例と思ってくださる方もいますが、「なんとかなるだろう」と思って始めた最初の結婚では、互いに苦労が多く、最終的に道が分かれました。

二度目も当初はぶつかることが多く、何度も危機がありました。しかし、今回は感情に走らず、冷静に対話して、二人の落としどころを見つけるスキルを身につけていたので、互いが深くつながり、相手を応援できるようになりました。幸せの度合いも、非常に高まっています。

こんなことが可能だったのは、互いにスピリチュアルの原則を知り、魂レベルで深く結びついていたからこそだと思っています。でなければ、相手をルールでジャッジしたり、罪悪感を持たせたり、コントロールしたり、いろいろ問題を起こしてしまったでしょう。

ですから、この章に書いた七つの原理は、きれい事のように聞こえますが、本当に必要なことだったし、深いつながりがあったからこそ、私たちの今があると思います。

こんな素敵なパートナーシップを実現できたのは、自分たちのなかでの成長、そしてパートナーシップ自体の進化もあります。

そこで次章では、パートナーシップをとらえるための見方をお伝えします。一つは、「ダブルパートナーシップ」理論、もう一つが「人生の計画」です。これを知ることで、ノウハウでは済まされないパートナーシップの深いところが見えてくるはずです。

第3章

ダブルパートナーシップの理論

出会いや関係は波動が決める

ここまで見てきたように、パートナーシップにはさまざまな罠が存在します。善良な二人が幸せを夢見てパートナーシップを結んでも、知識やスキルを習得していなければ、パートナーシップを良好に維持するのは至難の業です。そこで、この章では、パートナーシップに関する考え方を理論化してみました。私はこれを「ダブルパートナーシップ」の理論と呼びます。こういった見取り図を持つことで、難しくなりがちなパートナーシップに迷わず、二人の関係を実り豊かなものにできるのです。

さて、人と人との出会いは、何が原因で起こるでしょうか。いろいろな考え方がありますが、ここでは「波動」(vibration) で考えてみます。

「波動」とは、すべてに備わる「震動する」という性質のことで、エネルギーの周波数のことです。人にもそれぞれに特定の波動があるし、モノにもあります。さらには出来事や思考、色、音などにも特定の波動があります。

感覚的に表現すると、高い波動は、周波数が高いため、振動が細かく、感じてみるとサラサラした繊細な感じがします。自分が癒《いや》されたり、元気をもらえたりするのも、高い波動の特徴です。掃《は》き清められた神社に行くと、スッキリして自分も元気が出るような感じがあるのは、神社の波動が高いためです。

逆に低い波動は、周波数が低いため、振動がまばらで、感じてみるとゴツゴツ、ザラザラしているようで、粗く感じられます。

面白いのは、波動には、「同じ波動のものが集まる」性質があることです。これを「引き寄せの法則」と呼びます。逆もまた真なりで、「波動が違うものは、離れていく」性質もあります。

今、あなたはいろいろな出来事を経験していると思います。なぜ、あなたがその出来事を経験しているかというと、あなたとその出来事の波動が共鳴(一致)しているからなのです。偶然ではないのです。

この引き寄せの法則の視点で、宇宙の仕組みといった遠大なことから、日々起こる出来事、願いを叶えるにはといった日常的なことまで、波動の概念で見てみるのはとても面白いです。ご興味のある方は、拙書『真実の引き寄せの法則「ハートにしたがう」だけで、すべての願いは叶う』(すばる舎、2019年)をご覧ください。

自分自身と相手との二つのパートナーシップ

同じ波動のものが寄り集まるという引き寄せの法則（波動の法則）を、パートナーシップに適用したのが、「ダブルパートナーシップ」理論です。

ダブルパートナーシップの一つ目は、「自分と相手の関係」です。

一般に人間関係は、どのように構築されるでしょうか。ここでも波動が大活躍しています。

こんなことはありませんか？

何かの集まりで、あなたは会場に入った。そこにはいくつか空席があったけれど、探してみて一つの席に座った。周りの人と話してみると、住んでいるところが同じ街だったり、同じ趣味を持っていたりして驚いた……こんな経験はありませんか？

実はあなたは、無意識のうちに周りの人の波動を感じていて、あなたの波動と似た人たちがいる席を選んでいるのです。なぜなら、その席があなたと波動の差が少ないので、心地よいからです。

このように、人間が出会ったり去ったりするのは、波動が大きく作用しています。すごく大雑把に言えば、明るく楽しい話題が好きな人の周りには、明るく楽しい話題が好きな人が集まるし、心配事が好きな人の周りには心配事が好きな人が集まります。

明るく楽しい話題が好きな人たちのなかに、間違って心配事が好きな人が紛れ込んでしまうと、心配事が好きな人は波動の差を感じていたたまれない気持ちになり、そのグループから離れたくなります。そして、心配事が好きな人と出会うと、とても居心地よく、心配事を話して、ネガティブな感情を持ちます。

明るく楽しい話題が好きな人が心配事の好きなグループに間違って交ざってしまうと、とても居心地の悪さを感じて離れたくなります。明るく楽しい話題が好きな人を見つけると、とても居心地よく、明るく楽しい話題を話して、ポジティブな感情を持ちます。

つまり、強制されたのでない限り、人は自分の波動と似たような人と関係を結びたがるのです。なぜなら相手が自分と波動の差が少なく、心地よく感じるからです。

自分の波動は感情として感じられます。一般に、波動が高い人はポジティブな感情を持っています。波動が低い人はネガティブな感情を感じがちです。そして、波動が高い人は波動が高い人と出会って心地よいし、波動が低い人は波動が低い人と出会って心地よく感じます。

パートナーシップもこれと同じで、自分の波動に応じて、パートナーとなる人の波動が決まってきます。

波動が高い人は波動が高い人をパートナーにするだろうし、波動が低い人は波動が低い人をパートナーにします。それが心地よく、自然に感じられるからです。

いかがでしょうか。出会いやパートナーシップを決めているのは、波動なのです。そう思ってご自分の人間関係やパートナーシップを見てみると、そのとおりのはず。もし、波動に違いがありそうなら、居心地の悪さを感じているはずです。

なお、「波動が高い」「ポジティブ」「波動が低い」「ネガティブ」は、「どちらがいい」という判断は抜きにして、ニュートラルにとらえてくださるといいです。「波動が高い」「ポジティブ」なのがいいというわけでもないし、そうならなくてはいけないわけでもありません。心地よさでいうと、「波動が高い」「ポジティブ」も、「波動が低い」「ネガティブ」も同じです。どちらも本人にとっては、心地よい可能性があるのです。

もう一つの関係：セルフ・パートナーシップ

このように、自分と相手の関係は、互いの波動が合致・共鳴したため、起こっています。

ところで、あなたの波動は一定で、出会う人はいつも同じなのでしょうか？

実はあなたの波動は、変えることができます。あなたの波動は感情で示されるので、あなたの感情がポジティブになるようにすればいいのです。感情をポジティブにするには、テンションを上げるのではなく、ホッとするような思考を持つといいです。ラクに、リラックスする、といってもいいです。

ホッとする、ラクに、リラックス、などというと、感情だけの問題のように聞こえますが、実は、あなたという肉体を持った存在と、あなたの本質である「本当の自分」(魂）との関係をよくするということなのです。あなたと「本当の自分」の波動の違いをなくして、波動のブレを少なくするのです。このとき、ホッとし、ラクになり、リラックスしています。

あなたには二人の自分がいるのです。

まずは肉体を持った自分。これは、あなたが自分だと思っている存在と同じです。肉体のあなたは、いろいろな活動をして、歳をとり、やがては「死」を迎えます。

一方、あなたは肉体を超えた存在でもあります。あなたの心の奥底には、「魂」と呼ばれるような存在もいます。魂は肉体性がなく、歳をとったり、死んだりしない、永遠の存在です。魂についてはあとでもう少し説明しますが、あなたは肉体ではなく、もっと大きな存在でもあるんだということを知れば、ここでは十分です。

魂は普通の意味の幽霊などとは違って、見えないけれどあなたの本質のことです。魂はあなたなのです。本書では魂と呼ぶと大げさに聞こえるので、「本当の自分」と呼ぶこともあります。

そして、この自分と「本当の自分」との関係が究極的に大事です。自分と「本当の自分」との関係・あり方が、あなたの波動を決めるからです。本書では、肉体を持った自分と「本当の自分」（魂）との関係を「セルフ・パートナーシップ」と呼ぶことにします。

自分と「本当の自分」との関係・あり方であるセルフ・パートナーシップで望ましい

のは、二人の自分の波動がズレなくぴったりと重なった状態であることです（66ページの図参照）。このときのあなたは、「本当の自分」そのもの、魂そのものとして、この地球を生きています。肉体と意識、物質と精神、天と地、宇宙と地球をつないでシンクロさせ、最大の力を発揮できるのも、あなたが「本当の自分」と重なったときです。つまり、自分らしく感じられるとき、あなたは最強なのです。

しかし実際には、人はこの地球で過ごすうちに、周りに影響されて「本当の自分」からズレてしまいます。場合によると、「本当の自分」を忘れてしまうこともあるでしょう。こうして、「本当の自分」からズレるに従い、あなたの波動は低くなり、感情はネガティブになって、パワーを失います。人生がうまくいかない根本原因は、実はこの自分と「本当の自分」とのズレなのです。

パートナーシップを素晴らしいものにしようというなら、この二つのパートナーシップに気づき、そのどちらもよくしていくことが必要になります。

根本的なのが、自分と「本当の自分」の関係、つまりセルフ・パートナーシップです。なぜなら、セルフ・パートナーシップの状態によってあなたの波動が決まり、その波動に共鳴する人を引き寄せ、パートナーにするからです。

ですから、本書では、あなたと相手の関係をどうするかよりも先に、あなたとあなた自身の関係であるセルフ・パートナーシップをよくしていくようにします。

セルフ・パートナーシップをおろそかにして、いきなり相手とつながりたがったり、「結婚したい」と思ったりすると、結局のところうまくいきません。なのでぜひ、セルフ・パートナーシップを大事にしてください。

セルフ・パートナーシップについては第4章で詳しく取り上げます。

パートナーシップの四タイプ

さて、ダブルパートナーシップがわかったら、もう少し具体的に考えてみましょう。

私はパートナーシップには四つのタイプがあると思います。それを図に示します。

86ページで出てきた「波動」の高低という軸と、相手に対する依存／自立という軸を立てると、四つのタイプがわかるのです。

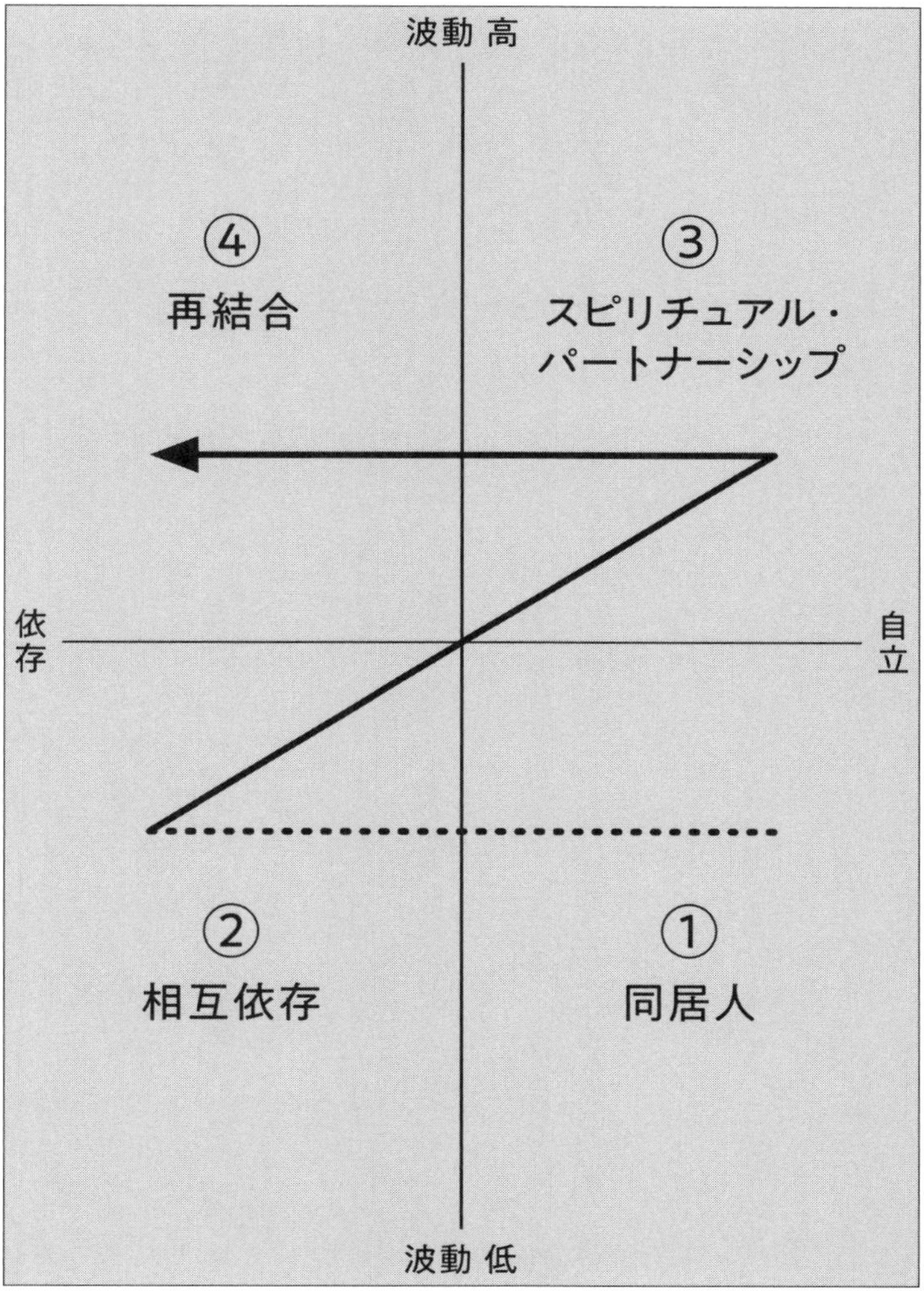
波動 高
④
再結合
③
スピリチュアル・
パートナーシップ
依存
自立
②
相互依存
①
同居人
波動 低

1.波動低・自立「同居人」

ネガティブな感情を持ちながら、互いに自立しているタイプです。「自立」というとよく聞こえるのですが、実際は没交渉で、たまたま同じ屋根の下に住んでいるだけという「同居人」のようなパートナーシップです。パートナーシップが壊れていくとき、ここにやってくるのかもしれません。

2.波動低・依存「相互依存」

最も広く見られるのがこのタイプ。夫／妻、父／母といった役割のためにつながっているパートナーシップです。足りない部分を互いにカバーする発想といってもいいのですが、「相手が自分を幸せにしてくれる」という執着の世界観を持っているので、過度に依存したり、我慢したりと、問題が起こりがちです。

3.波動高・自立「スピリチュアル・パートナーシップ」

依存しないパートナーシップです。まずは個人が「幸せは自分と本当の自分との関係」だと気づき、ひたすらセルフ・パートナーシップをよくして、波動を上げ（感情をポジティブにする）、相手への依存を断ち切り、自分と「本当の自分」が重なった状態を作っていきます。すると、自分の波動は周りに影響されにくくなり、幸せ、満足感、喜びを感じることが簡単になります。この段階で、依存しない二人による自由と成長を旨《むね》とするパートナーシップが可能になります。通常はこのステージで十分素晴らしいパートナーシップだといえます。

4.波動高・依存「再結合」

自立というといい評価のように思われますが、そこには「自分は相手を頼ってはいけない」「自分は自分でやるしかない」といった制限が入り込んでいる可能性があります。自立した「スピリチュアル・パートナーシップ」は素晴らしいのですが、さらに先のステージもあるのです。

依存しない二人が、自分の弱さを認めて、力になってくれるよう相手に働きかけるとき、パートナーシップはまた次のステージに移行します。自立を経験した二人が、共通の目的のため、再結合するのです。波動は高いままをキープしていて、パートナーシップが進化したのであり、つながりが深まり、パワフルな関係になっています。

パートナーシップをうまくいかせている方々を見てみると、私たちの場合も含め、パートナーシップをどんどん進化させているのがわかります。

ホームに当たるのが2の「相互依存」。ここから進化すると、3の「スピリチュアル・パートナーシップ」、さらには4の「再結合」へと進むことができます。進化するに従い、パートナー同士の絆が深まり、世界が広がっていきます。

パートナーシップが壊れるときは、2の「相互依存」から1の「同居人」に移行していくことが多いでしょう。「壊れる」というより、危機に際して冷静に対話し、関係を終え、卒業した方は、「スピリチュアル・パートナーシップ」を通っているかもしれません。

この四つのタイプはそれぞれにいいところがあり、すべての人が「スピリチュアル・パートナーシップ」や「再結合」に移行しなくてはならないわけではないでしょう。シングルの人のセルフ・パートナーシップもとても重要です。しかし、人々が真実に目覚めるに従い、「相互依存」から「スピリチュアル・パートナーシップ」、「再結合」へとパートナーシップが動き始めているのも事実です。

ちなみに、私は四つのタイプすべてを経験したように思います。

以上がダブルパートナーシップ理論です。

人生の計画

一方、人間関係、特にパートナーとして誰と出会うかは既に決まっている、のみならず人生でどんなことが起こるかは、自分が設定して生まれてくる、という考え方も有力です。いろいろな呼び方がありますが、「人生の計画」「宇宙のシナリオ」「宇宙の計画」「魂の約束」などと呼ぶことがあります。本書では「人生の計画」ということにします。

「人生の計画」とは、だいたいこのような考え方です。

元来、すべては溶け合い、超高波動の「まったき光」であり愛でした。これをスピリット、ソースなどと呼びます。

あるとき、「それ」は学びのゲームを始めることにしました。「まったき光」や愛のままでは学びのゲームがやりにくいので、光や愛から波動を下げて「魂」という中間的な存在を作り出し、地球をはじめ、いろいろな学びの設定を楽しめるようにしました

（図）。この意味で、魂は学びのツールと見ることができます。

魂は「まったき光」や愛ではなく、光や愛に似たポジティブな面も持っていますが、同時に過去生での傷、トラウマといったネガティブな波動も帯びている複雑な波動の存在です。

この魂にも波動があり、波動に応じて魂はグループを作って学びを行っています。そして、同じグループに属する魂は同じような学びのテーマを追求しています。

魂自体は非物質的なエネルギーですが、地球などに転生するときに肉体を身にまとい、そこで特定の学びを行います。

学びを行うとき、行き当たりばったりで行うのではなく、事前に魂は準備し、計画します。それが「人生の計画」です。例えば、地球だったら、いつごろ、どの場所に生まれるか、性別は男か女か（どちらでもないか）、どんな両親の許に生まれるか、どんな人と出会い、どんな人を伴侶とするのか、そしてどんな出来事が起こり、どんな学びをするのか、というような基本的な設定を計画します。そして、舞台の配役を決めるように、魂のグループのなかから志願者を募り、それぞれの役を演じてもらいます。

今までのあなたの人生には、あなたにとても優しくて、あなたにいい人生のアドバイ

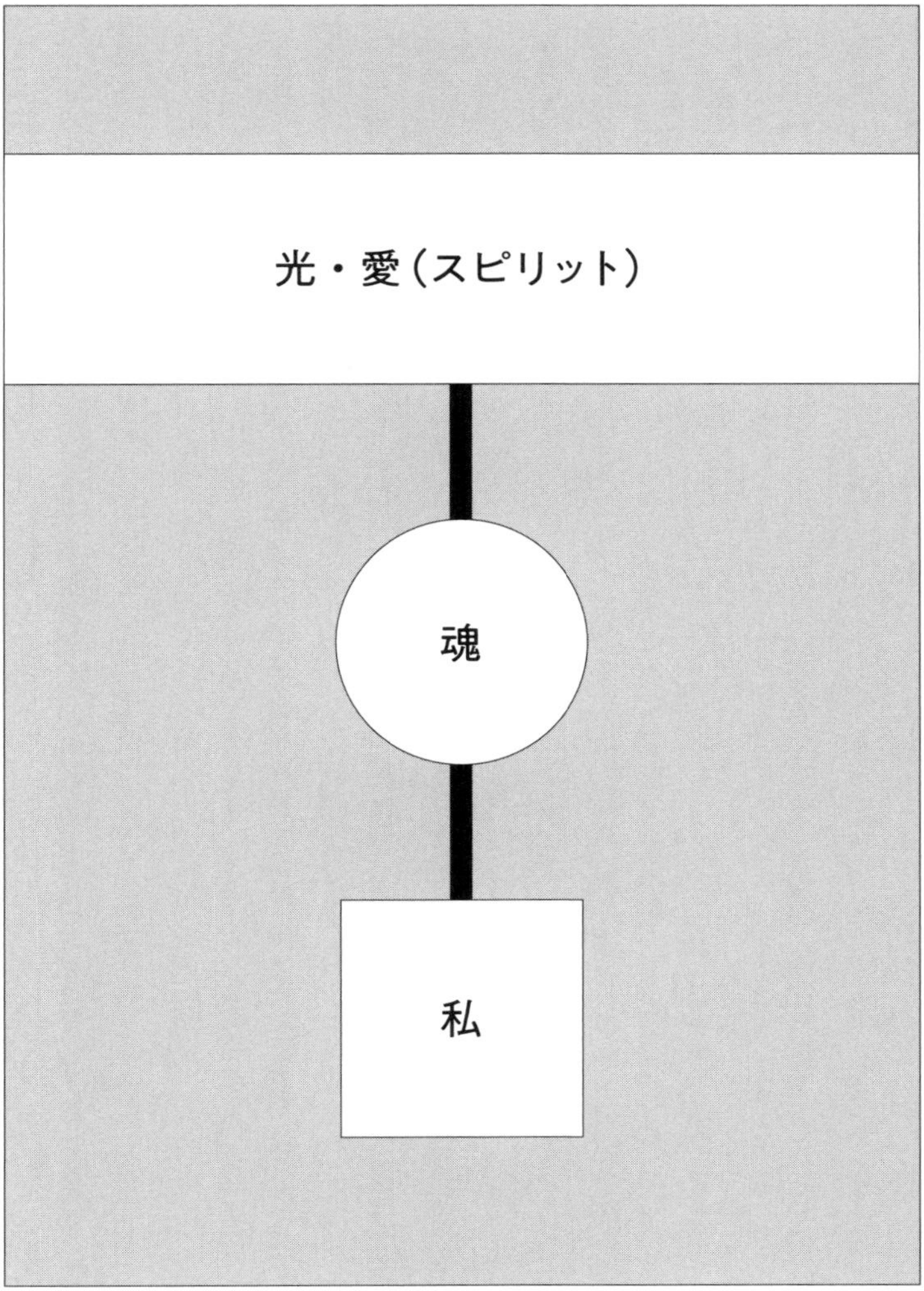
光・愛（スピリット）
魂
私

スをしてくださった方がいると思います。その方は、あなたと同じ魂のグループに属しています。また、これまであなたの人生であなたを最高に苦しい目に遭わせた人も、同じ魂のグループに属しています。今回はわざわざ嫌われ役を引き受けることで、あなたの魂の学びに一役買っているのです。

こうして生まれるための設定を終えて、「人生の計画」を行ったら、肉体を身につける行列に並びます。そして、順番が来たら、めでたく地球に誕生です。

しかし、地球に生まれるとき、こうした「人生の計画」や設定はすべて忘れることになっています。そのため人生は、こうした「人生の計画」や設定を再び思い出し、それを実行することだといえます。でも大丈夫です。あなたのストーリーの配役たちや、スピリット・ガイド（いわゆる守護霊）たちが、あなたの学びをサポートしてくれていますから。あなたが今お読みになっているような情報を受け入れ、魂に興味を持ち始めると、あなたは大きな力に導かれるようになるでしょう。

そして、あなたはこの人生で何かを学びます。学びが終わると訪れるのが、いわゆる「死」です。「死」は、実際に意識や命がなくなるわけではなく、ゲームが終わったので、ホームに戻る感覚です。この世とあの世の二つの世界があり、私たちは二つの世界を行き来しているだけです。そのため、「死」を「移行」と呼ぶこともあります。

あちらの世界に移行したら、今回の人生をレビューして見直してみます。学びのゴールを達成したか、仲間たちと評価します。うまく学べたようなら、次の課題に進みます。まだ完全でないなら、もう一度設定を変えて、同じようなテーマで学びを行います。

このように魂は、「計画」→「実行」→「評価」のサイクルを回して、学びを行っているのです。

人生の計画は「必ず成功するプラン」

「人生の計画」という考え方を、あなたは受け入れますか？　私は「人生の計画」の考え方を受け入れます。なぜなら、「人生の計画」を想定しないと、説明がつかないことを多く経験したからです。単に運がよかっただけでは済まされないことがたくさんあるのです。

ＩＴ系出版社社員のとき、パソコン雑誌を創刊したら大失敗したのに、スピリチュアル本をやったら、見事に成功したこと（普通、逆ですよね）。

元々アンチ・スピリチュアルに近かったのに、今ではスピリチュアル・ティーチャーになっていること。

そのなかでも、あまたある出版社・編集者のなかで、私が引き寄せの法則に当初から深くかかわったこと。

二度目の出会いでは、学びの同志として最適な妻と出会い、ともに活動していること。おまけに、妻の義兄が、私のスピリチュアル仲間の元部下なんて、あり得ないシンクロが多々あること……。

数え上げるとたくさんありますが、私の人生全体が、「人生の計画」に深く根ざしています。自分の意思ももちろんありますが、それを超えた不可思議な力が常に働いていて、私を導いてくれていた、というのが実感です。

さらに、私が間違った道を歩いていると、強制的に正しい道に戻されたりしました。

パソコン雑誌を創刊したら大失敗して、会社に行けなくなるほど意気消沈したのですが、実はこれがギフトでした。パソコン雑誌で成功してはいけなかったのです。なぜかというと、IT系出版社でスピリチュアル書籍のラインを立ち上げる、という仕事が待っていて、パソコン雑誌で成功したら、それはできなかったからです。

また当時、インターネットの普及でパソコン雑誌がどんどん休刊しました。そして優秀な編集長がどんどん辞めていきました。私はそのときパソコン雑誌から外れて、カタログやパンフレットを作ったりしていたので、リストラには遭わず、生き残りました。パソコン雑誌で成功していたら、確実に辞めることになっていたでしょう。

人間万事塞翁《さいおう》が馬。何がいいか、悪いか、本当にわからないものです。

今、過去に起こったことを眺めると、すべてはうまく計画されていて、ムダが一つもないのがわかります。失敗してつらかったことも、あとで必ず生きてきました。私の「人生の計画」はこんな感じでした。

もちろん、「人生の計画」は人それぞれです。大きなことをやることだけが、大切なのではありません。家族を無条件に愛するとか、子どもを育むのも立派な学びです。また、「人生の計画」や設定の影響度合いも人それぞれ。私のように比較的かっちりと計画が設定されているタイプの人もいれば、そうでない人もいるようです。

しかし、誰もが、「人生の計画」を行って地球に来ています。つまり、必ずこの人生で成功するプランを既にあなたは持っているのです。「もっとお金持ちの家に生まれさえすれば……」などと、子どものころ思ったことがありますが、それは誤解。あなたは、この人生でやるべきことを実行するために、ベストの設定をして生まれてきているのです。お金持ちかどうかは重要ではないので、あなたの家に生まれたのです。そう思うといいです。

「人生の計画」を知って、「そんな素晴らしい計画があるなら、早く思い出したい」という方も多いかもしれません。私は、「ああ、もうあなたは、人生の計画の上にいますよ」と言いたいです。なぜなら、人は「人生の計画」から外れることはできないからです。

あなたがもし今、とてもつらい境遇にあったとしても、それは必ずあとで大きな学びになっていると気づくでしょう。自分で設定したとしても、こんなひどい、つらい出来事を設定しなくてもいいだろうと、自分に言いたいかもしれません。でも、人はよほどのことがない限り変わらないもの。だから、あなたはインパクトの強い出来事を設定したのでしょう。でも、大丈夫です。それは悪いことではなく、あなたが学ぶために、進化するために起こっているのですから。そこから逃げずに、やり抜くことです。そうすれば、光が見えます。

両方を理解することが大事

「ダブルパートナーシップ理論」と「人生の計画」。どちらも「魂」がかかわっていますが、受け取り方によっては、まったく逆の原理のように感じられる方もいるでしょう。「波動は変えられるけれど、計画は変えられない」と。そういう方は、「人生の計画」で設定されているのは、人生の「大枠」で、その大枠で実際何が起こるかは、あなたの自由意思にかかっていると思ってもいいでしょう。

もしあなたが『人生の計画』で決まっているなら、何もしなくても勝手に出来事が起こるだろう」と考えるなら、それは短絡的です。寝て待っていたら、何もしない選択をしたことになります。自分の波動や、自分の「人生の計画」、そして魂に従っているから、「人生の計画」で設定された出来事が起こってくるのです。

「人生の計画」にあぐらをかかないこと。楽しみながら自己探求を行って、自分の波動や、自分の「人生の計画」、そして魂に関心を持ち続けていただきたいと思っています。

さて、この二つの考え方も、実は魂が共通しています。ダブルパートナーシップ理論でパートナーシップをよりよいものに進化させるためには、自分と、自分の本質である「魂」との関係が大事と話しました。

また、「人生の計画」を活性化するためには、自分と自分の魂に関心を持つ必要があります。

簡単にいえば、自分とのパートナーシップ、セルフ・パートナーシップが極めて大事です。自分を探求することから、「人生の計画」や魂、高次の存在たちにアクセスする道が開けてきます。そして、パートナーシップが進化する原動力ともなるのです。

次章では、最も根本的で大切なセルフ・パートナーシップについて詳しく見ていきましょう。

第4章

セルフ・パートナーシップ

最も大事な「セルフ・パートナーシップ」

パートナーシップというと、自分と相手のことを想像するでしょう。しかし、それ以前にもっと大事なのが、自分自身との関係である「セルフ・パートナーシップ」です。セルフ・パートナーシップは、ストレートのカップルであろうが、セクシュアルマイノリティのカップルであろうが、またシングルであろうが、すべての人に共通するパートナーシップです。しかし、これまで語られることが少なかったので、聞いたことがない方も多いはず。説明しながら、どうやってセルフ・パートナーシップをよくするか、考えていきましょう。

さて、本書で「セルフ・パートナーシップ」という場合、肉体を持った自分と、あなたの本質である「本当の自分」（魂）との関係のことをいいます。わかりやすくいえば、「自分が自分をどう見るのか」ということが、セルフ・パートナーシップです。

「セルフ・パートナーシップ」は、想像以上に二人のパートナーシップに影響します。

例えば、家族・親に愛された感覚を持てず、自分に対して「寂しい」という感情を持っているとしましょう。すると、大人になって出会う相手はどこか「寂しい」エネルギーがあることが多いです。「寂しい」という波動が、「寂しい」相手を引き寄せてしまうのです。

「セルフ・パートナーシップ」が確立していないと、親の希望や世間のルールが簡単にあなたに忍び寄ってきます。そして、いざパートナーシップを結んでみたけれど、思わぬことや我慢ばかりで、少しも自由ではない。家族がむしろ邪魔にさえ思う。そんな悲しい結果になりがちです。

「違う人と出会いたい」と思っても、出会う人は特定のタイプばかりという人も多いはず。「セルフ・パートナーシップ」は外側に現れるので、「セルフ・パートナーシップ」を変えないと、引き寄せる相手も同じような人になってしまうのです。

パートナーシップをよくしたい、価値観の同じような人と出会いたい、ソウルメイトと同じ目的に奉仕したい、というのであれば、「セルフ・パートナーシップ」を見直すことが必須です。

相手に幸せにしてもらおうと思わない

「セルフ・パートナーシップ」で究極的に重要なのは、

【相手に幸せにしてもらおうと思わない。自分は自分だけで幸せになれる】

と思えるかどうかです。

相手と幸せになっていいのです。ですが、相手に幸せにしてもらおうと思わないのです。自分で幸せになるのです。

これを聞いてどう思いますか？

これまで聞いたことも、考えたこともないことかもしれませんね。

感情的な反発が起こるかしれません。

「だったら、なぜ二人で一緒にいる必要があるの？」

と思う方もいると思います。

もしそう思うなら、「一人は寂しい、幸せじゃない」と思っていませんか？

しかし、「一人は寂しい、幸せじゃない」と思ってパートナーシップを結ぶと、なかなかうまくいきません。問題が起こりがちです。茨《いばら》の道です。

もし、「相手が自分を幸せにしてくれる」と思ったらどうでしょう。相手から幸せをもらおうとして、相手から時間や愛情を無意識に要求するでしょう。そして、相手が要求に応えてくれないと、相手を非難し始めます。あるいは、相手との関係を諦めて、この人は何もしてくれないんだと思って、関係を冷めさせていくのではないでしょうか。

「相手が自分を幸せにしてくれる」とか「結婚すると幸せになれる」というのは、多くの人に共有されたビリーフ（信念）でしょう。それを疑わず、そのとおりに思ってきた方もいるはずです。

しかし、この考え方でパートナーシップを結ぶと、うまくいかないのが実情ではないでしょうか。普通の考えで結婚したときの離婚率の高さを見ると、考え方を変える必要がありそうです。

ではどう考えたらいいでしょうか。それは、これまでと真逆の考えを持てばいいのです。

「相手に幸せにしてもらおうと思わない。自分は自分だけで幸せになれる」

「一人でも幸せだけど、二人だともっと幸せになれる。だから、パートナーシップを結ぶ」


と考えるのがお勧めです。この考え方が、本書でいう自立です。

このように考えて、自立の道を歩まないと、パートナーシップにはいろいろな問題が出てきてしまうのです。

幸せは自分で感じるもの

また、感情に関する誤解も、「相手が幸せにしてくれる」と思い込む原因になっています。

例えば、相手にひどいことを言われた。とても腹が立った。そんなケースを考えてみましょう。

このとき、「ひどいことを言ったのは相手であり、悪いのは相手。自分にはなんの責任もない」と考える人もいると思います。この受け取り方だと、「私は腹が立った」のは相手の責任ということになるでしょう。

これと同じように、「相手がいいことを言ってくれた。とても幸せな気持ちになった」とすれば、相手が自分を幸せにしてくれたように感じるでしょう。

では、あなたに今、「幸せを感じてください」と言ったらどうでしょう。あなたの好きなシチュエーションをイメージしていいです。好きな食べ物を食べているところでもいいですし、大切な人と心が通じ合っている情景でもいいです。ほら、幸せを感じることができますね。外側に実際に何かが起こらなくても、あなたは幸せを感じることができるのです。

今、自分の内側だけで、幸せの感情を引き起こすことができました。誰がやったんでしょう？　それは、あなたですよね。あなたが幸せの感情を作り出したのです。

相手にひどいことを言われて、腹が立つ人もいれば、全然気にならない人もいます。これも、あなたが感情を選択して作り出していることの証拠です。

これは、感情一般について当てはまります。

つまり、感情はあなたが作り出している。どんな感情を持つかはあなた次第であり、あなたの選択であり、あなたの責任なのです。

これまで、「自分の感情は相手や周りによって決まってくる」「自分の感情は相手や周りの責任だ」と無意識に前提としていた方が多いと思います。この考え方だと、自分の感情の責任を永遠に相手のせいにしてしまい、相手に謝罪を要求したり、責めたり、逆に罪悪感を持ったりしてしまい、簡単にあなたは愛ではなくなります。

もし、あなたがいつも心が落ち着かず、イライラしたり、怒ってばかりいるのなら、「自分の感情は相手の責任」と思って、自分の感情の責任追及をしていないか、チェックしてみてください。もしそう思っているようなら、すぐにその考えや行動を改めてください。

「自分の感情は自分の責任」なのです。あなたがその感情を引き起こしているだけなのです。ですから、相手を責めるのをやめて、愛、喜び、親切心、感謝など、高い波動の感情を感じるよう努力し、工夫してください。本書にはそのためのヒントややり方がたくさん載っています。

ただし、肉体や言葉の虐待を受けているなら、この限りではありません。すぐにその場を離れて、命を守る行動をとってください。それ以外の場合は、「自分の感情は自分の責任」と思うことで、気づくことがたくさんあるはずです。

自分のなかに「〇〇でなければいけない」といった強いルールがあるなとか、「傷ついた」という感情を持つことで相手を攻撃する理由を見つけているなとか、「何かを失ったら大変だ」という恐れを持っているなど、いろいろなことに気づきます。気づいたら、その考えや行動を変えていく。相手を変えるのではありません。相手は変わりません。自分を変えるのです。それが心の進化です。

「自分の感情は自分の責任」というのは、「自己責任」の一部です。一般的には「何かが起こってもその責任はあなたにあるよ。あなた自身の責任でどうぞ」といった意味で「自己責任」という言葉は使われることが多いですが、スピリチュアルの世界でいう「自己責任」は、「自分の感情は自分の責任」という考えに代表されるものです。

幸せは自分の責任

「自分の感情は相手の責任」から「自分の感情は自分の責任」への変化は、とてつもなく大きなものです。この大きな変化があるから、セルフ・パートナーシップもよくなるし、ひいては相手とのパートナーシップもよくなるのです。この意味で、自己責任をマスターすることは、成長するために必須です。

「自分の感情は相手の責任」の考え方を採用していたら、幸せは相手次第になってしまいます。相手も自分のことで頭がいっぱいです。あなたの思いに沿うように何かをしてくれることはまれでしょう。むしろ、外れていることのほうが多いはずです。それにいちいち目くじらを立てていたら、いつもイライラして、相手に怒りや不満を感じるのが関の山です。いつまでたっても幸せや穏やかな愛を感じるのは難しくなります。

だから、そこは意識的に「自分の感情は自分の責任」という考えを選択するのです。道理にかなって、いい関係につながるのは、「自分の感情は自分の責任」という考え方です。

「セルフ・パートナーシップ」が目指すのは、「自分だけでも幸せ」という状態です。「自分の感情は自分の責任」という考えを選択すれば、「自分の幸せは自分の責任」ということになってきます。あなたの責任で幸せになっていきましょう。相手の出方を待つのではなく、あなたがいつも幸せを感じるよう、選択するのです。

自分の感情に責任を持つ方法

では、どうやって、自分の感情に責任を持つようになれるのか、そのヒントをお伝えしましょう。

◎感情を他人のせいにしない

「おまえのせいで……」「あなたのせいで」というように、相手に責任を押しつけようとする言葉をあなたが使ったら、要注意。自分の感情を相手のせいにしている可能性が高いです。「自分の感情を相手のせいにしているな」と気づいたら、すぐにやめてください。

◎加害者／被害者を卒業する

自分の感情を相手の責任にしているとき、「自分は被害者で、相手が加害者」と思っていることがよくあります。相手が加害者だから相手が１００％悪い。自分は被害者だから100％悪くない。「私は悪くない」と思ったり、言葉にしていたりするときは要注意。自分が「犠牲者」という「かわいそうな」役回りを演じることで、相手を攻撃する理由にしている人がよくいるのです。弱い立場を演じながら、隠れて相手を攻撃できるので、「被害者」は実は便利です。実際は、加害者も被害者もいません。ただ、人間関係を学んでいるだけです。かわいそうな立場に身を置くのではなく、実際どうしたらパートナーシップが改善するか考えてください。それには、加害者／被害者をやめて、自分の感情に責任を持つ必要があるのです。なお、犯罪はこの限りではありません。

◎感情を変える技術を持つ

外側に出来事が起こると自分の感情は自動的に起こるように思う方もいるでしょう。最初の感情はそうだとしても、あなたは感情を選ぶことができます。相手を「許せない」と怒りの感情を持ち続けるのか、「自分の感情は自分の責任」を思い出して、できる限りポジティブな感情を持つのか。感情を変える技術を持つことをお勧めします。

ただシンプルに感じたい感情を今感じてみる方法があります。愛、感謝、喜び、ケア、幸せ……あなたが感じたい感情を今感じてみてください。

深呼吸とともに、いらない感情を手放す方法もあります。息を吸ったり吐いたりして気持ちを落ち着かせてから、いらない感情を吐く息とともに勢いよくふーっと口から出してしまいましょう。そして、感じたい感情を感じてみます。感情を変化させることができますか？

また、後ほど紹介する手放しの方法も有効です。今の感情を手放せたら、ほかの感情を感じるのが簡単になります。

もう少し詳しく見ると、あなたの感情が起こっているのには、その背後になんらかのビリーフがあります。ビリーフとは、あなたが深く信じて疑わないことです。例えば、「ルールを破ったら、謝るべき」とか、「時間は守るべき」とか。今、どんなビリーフが活性化していますか？　そして、もしあなたが相手との関係を幸せなものにしたいのなら、そのビリーフを捨てることができますか？　ビリーフを捨てたり、感情を選んだりすることは、下手《したて》に出ることではありません。成長です。考えが変わるとき、人は成長します。あなたはビリーフを捨て、成長できますか？

意固地《いこじ》にならないで、素直になってください。

どんな方法でもいいので、自分の感情を変える方法を習得してください。自分の感情をコントロールできたら、セルフ・パートナーシップも、ひいては相手とのパートナーシップもうまくいきます。

◎自分ファーストで自分を整える

自分の感情を整えるのも、自分をいいエネルギーの状態にするのも、あなたの責任です。あなたがまずやるべきことは、相手のことではなく、自分の状態をよくすることです。あなたがいい状態だから、周りをよくできる。相手に尽くして、自分がボロボロになるのでは意味がないのです。まずはあなたから。それが自分ファーストの思想です。もちろん極端に自分にフォーカスすると変なことになりますが、まずは自分をよくしてから。自分を満たしてから。それでいいのです。

自分の感情に責任を持ってください。相手のせいにしないでください。自分で感情をいい状態にしてください。

自分の感情に責任を持つことができると、「自分」というエネルギーが確立し、周りから区別できるようになります。同時に、自分のエネルギーが周りに影響されることが非常に少なくなります。これがいわゆる「自立」の状態です。

あなたが今、誰かとパートナーシップを結んでいても、まだシングルでも、この自立した状態を作るのがとても大事です。自立することで、良好なパートナーシップを実現する可能性が非常に高まるのです。また、生涯シングル、と決めた方でも、これからずっとブレない生き方が可能になります。

自立のエネルギー

「自立」というと、普通は「お金について誰かに頼らない」という意味での経済的自立や、自分の存在を誰かに依存しないという意味で精神的自立を指すことが多いです。本書で「自立」というときは少し違う意味で、「エネルギー的に完結している」という意味で使っています。

「エネルギー的に完結している」というのはどんな状態でしょうか。

図に示すと66ページのようになります。

あなたには二人の自分がいます。一つには肉体を持った自分。通常、自分だと思っているのはこちらのほうでしょう。

一方、もう一人の自分もいます。それが「本当の自分」「魂」という言葉で呼ばれる存在です。肉体性はないけれど、この地球で学ぶためにやってきた存在。生まれることも死ぬこともない、あなたの本質。それが魂です。

この二人の自分が、波動的にピッタリ重なっているのが、ここでいう「自立」の状態です。自分が自分らしいと感じられ、なんの不足も感じません。意識は「今ここ」にしっかりあり、過去や未来にさまようこともありません。エネルギーに満ちて元気で、やる気にあふれていて、行動的。それでいて、心は愛であり、平和です。自分を超えた存在を感じていて、ふと「ああしたらいい」「あの人に電話してみよう」といった、理由のない情報である、宇宙からのガイダンスやインスピレーションが入ってきます。周りの評価や言葉に影響されることもありません。スピリチュアル的に目覚めています。本書でいう「自立」とはこんな状態だと思っていいでしょう。

このとき、あなたのオーラは、図のようにあなたの肉体の周りにきれいな繭の形をとっています。オーラが伸びて、誰かにもたれかかったりしていません。

このようにエネルギー的に整った状態が、望ましい状態です。それが自立です。

依存はどんなエネルギーか

実際には、肉体性を持った自分と魂の関係はさまざまです。魂という本質に気づかず、肉体を持った自分が遠く隔たってズレている状態の方もいます。こちらのほうが普通です。ちなみに、魂からのズレ具合は、感情として経験されます。ネガティブな感情を持っているときは、魂からズレていると思って間違いありません。

こういう話をすると、ネガティブな感情が「いけないもの」のように受け取られるかもしれません。そして、ネガティブな感情を隠蔽《いんぺい》したり抑圧したりしがちですが、それをすると問題が起こります。どんな感情もしっかり受け止め、感じてあげることから、魂への道が始まるのです。

さて、依存しているとき、肉体の自分は魂から大きくズレています。しかも、自分のオーラが、特定の人と交じり合って、区別がない状態になっています。パートナーシップでいうと、依存があるとき、どちらかがしがみつくような状態になっていて、健全ではありません。しがみつかれたほうは相手を重く感じるでしょうし、余計な思考や感情を感じるかもしれません。「相手を面倒みてあげなきゃ」などと思って、自己責任の原則を破って越権行為をしてしまいがちです。いずれ互いに苦しい状態になってしまいます。

まずは肉体の自分と魂の関係をいいものにしていくよう、努力してください。これが先決です。

自分がすべての源泉

セルフ・パートナーシップがよくなってくると、「自分がすべての源泉」だとわかるようになります。自分の内側から、幸せは流れ出してくるし、豊かさも自分の内側からあふれ出してくるもの……そんなふうに思えてきます。

セルフ・パートナーシップに気づく前は、「いいものを誰かからもらう」発想だったと思います。自分はちょっと幸せが足りなくて、誰かから幸せをもらえれば、もっと幸せになれる、と思っていたのではないでしょうか。

「自分はよくなくて、自分の外側はいい。だから外側からもらわなきゃ」という発想です。

こう思っているとき、「自分は足りない、よくない、幸せじゃない」という欠乏感があるのです。

パワースポットに「いいエネルギー」をもらいに行こうとするのも、この欠乏感の発想です。

「もらう」発想でいると、人生すべてがそうなってしまいます。お金は会社からもらうもの、愛は相手からもらうもの。相手から何をもらうか、そればかりが気になってしまうでしょう。

「もらう」発想でいると、パートナーシップはうまくいきません。なぜなら、相手に無言の要求をいつも出してしまっているからです。相手もあなたの要求にいつも応えていたら、スカスカになってしまいます。そのため、ケンカが起こったり、無関心になったり。これまで見てきたとおりです。

つまり、「自分はよくなくて、自分の外側はいい」という「もらう発想」をやめるのが、とても大切になってきます。

ではどんな考えを採用すればいいでしょうか。

もらおうとするのではなく、「私がすべての源泉だ」と思うのです。あなたから、すべてが流れ出すのです。愛も豊かさも、誰かからもらって増やすものではなくて、あなたの内側に元々たくさんあるのです。あなたの内側から、愛も豊かさも涸れることのない清らかな泉のように、こんこんと湧き出している。そしてそれがあふれて、勝手に周りに流れ、周りを愛で満たし、周りを豊かにする。

こんなふうに考えることができたら、あなたはたくさんの愛の源だし、すごく豊かだと思いませんか？　勝手にあふれ出ているのですから。

「自分がすべての源泉だ」という感覚をなんとなく理解できる方もいるでしょう。しかし、「自分が源泉だって？　考えたこともない」という人もいるでしょう。

確かにあなたの外側に展開する現状を見ると、「もらわないとムリ」と思ってしまうかもしれません。しかし、人生は内側に起こったことが外側に反映する仕組みになっているのです。内側が変わるから、外側の出来事も変わる。こういう仕組みになっています。だから、外側はともかく、内側を変えることです。遠慮しなくていいのです。内側を変えるだけでいいのです。

ぜひ、もらう発想を改めて、「自分がすべての源泉だ」と思ってみてください。自分との関係もよくなるし、相手とのパートナーシップもよくなります。自分がすべての源泉だと思っているので、あなたはとてつもなく豊かで、たくさんの愛に包まれています。そうすれば、あなたが豊かさと愛を引き寄せるのは道理です。ぜひ、「自分がすべての源泉だ」と思ってみてください。

「自分がすべての源泉」を体験するワーク

「自分がすべての源泉だ」と思うには、自分が公園の噴水のような存在だと思うといいです。もらうのではなく、あなたのなかから愛と豊かさがあふれ出ているのをイメージして感じてみましょう。

【噴水のエクササイズ】

1. イメージしてみてください。あなたの内側に美しい公園があって、その中央に噴水があります。
2. その噴水からは、いつも清らかな水がこんこんと湧き出しています。噴水の水はあふれて周りに広がり、公園の土を潤《うるお》します。そして、草木は成長し、花を咲かせ実をつけ、あなたはその果実をとって味わうこともできます。

3. そんなオアシスのような場所には、動物たちも人間たちも自然と集まってきて、とても賑《にぎ》やかで楽しい。あなたは本当はそんな豊かさと愛に満ちた存在なのです。自分の内側からすべてが流れ出す気持ちのよさ、愛、豊かさを感じてください。

周りの人に愛と豊かさをシェアするワーク

「自分がすべての源泉」だと思うとき、もらおうとするのではなく、自分から「与える」のが自然です。自己犠牲や罪悪感、義務感、「与えたら戻ってくるはず」などの余計な気持ちは捨て、純粋に噴水の水があふれ出るように愛と豊かさを自然にシェアしてください。すると、不思議なことに、あなたの内側はさらに愛と豊かさで満たされるでしょう。そんな状態を目指してください。

【愛と豊かさをシェアする】

1. あなたはすべての源泉です。あなたは他人からもらう存在ではなく、与える存在です。与えたらなくなると心配する必要はありません。あなたの愛と豊かさは無尽蔵です。

2. 周りに助けが必要な人がいたら、可能な限りでけっこうですので、あなたのなかから愛をあふれさせ、その人を助けてあげてください。荷物を持ってあげる、行き先を案内してあげる、ただ笑顔でいるのも助けになります。

3. 世界中には家もお金も国もない人がたくさんいます。可能な金額でいいので、寄付してあげてください。ただし、自己犠牲や罪悪感、義務感から行わないこと。あなたの豊かさが噴水の水のように自然とあふれ出るままにしてください。義務感を感じるなら、今はやらなくていいです。

4. あなたは何を感じますか？　自分の内側にある愛や豊かさが増えたような気がしませんか？

男性性と女性性を高いレベルでバランスさせる

肉体的な性とは別に、誰のなかにも「男性性」のエネルギーと「女性性」のエネルギーがあります。

男性性のエネルギーは、外側に放出する力です。何か一つに集中して突き進んでいく力です。そして、論理を使って分析し、行動を通して成し遂げようとします。競争もいとわずこなす厳しさもあります。

女性性のエネルギーは、内側にまとめる力です。二つを統合・調和させ、すべてを受け入れる力です。ジャッジせず共感し、感情や直観を大切にします。慈悲の心です。命を育み、生み、創造します。何かを成し遂げるのではなく、そのまま・ありのままでOKという肯定的な力です。

肉体的に男性だから男性性のエネルギーを強く持っているとは限りません。そういうこともありますが、肉体的な男性の器《うつわ》に、女性性のエネルギーがたくさん顕在化して、使われていることもあります。逆に肉体的な女性の器に、男性性のエネルギーがたくさん顕在化して、使われていることもあります。

なぜこういうことが起こるかというと、先に説明した「人生の計画」による設定なのです。こういう異質な設定を行うことで学ぶと、その人が選択したのです。ですから、異常でもなんでもないのです。「人生の計画」であり、魂の設定なのです。

さて、誰もが日々、男性性のエネルギーと女性性のエネルギーを使っていますが、使い方によっては、男性性のエネルギーに偏ったり、女性性のエネルギーに偏ったりすることもあります。

エネルギー的に自立するためには、男性性のエネルギーと女性性のエネルギーを両方とも使って、高いレベルで二つのエネルギーをバランスさせていくことです。

私は、本書のように論理的に内容を伝え、一つのテーマに集中して書いていくのが得意です。そして、実際にその内容を話したり、ワークをしたりして、広めることができます。

これは主に男性性のエネルギーです。

しかし、これだけだと偏ってしまい、冷徹で厳しい人になる可能性もあります。

そこで、私は家事のほとんどを引き受けることで、女性性を発揮しています。買い物をして料理を作る。ペットの猫の世話をする。家族の面倒をみる。会社員時代はほとんどやっていなかったことをやることで、女性性のエネルギーをうまく使っています。

仕事では男性性のエネルギー、プライベートでは女性性のエネルギーを使うことで、自分のエネルギーが二倍以上に拡大する感覚です。そして、論理や分析と直観、思考と感情、強さと優しさをうまく統合することができるようになりました。

エネルギー的に自立するとは、男性性と女性性のエネルギーをバランスよく使うことでもあるのです。男性性と女性性のエネルギーバランスがとれて初めて、エネルギー的に完結しているといえるのです。

あなたが男性であれ女性であれ、男性性のエネルギーをよく使っているのであれば、女性性のエネルギーも使う努力をしてください。料理をしたり、家族の面倒をみたりするとよいのです。女性性のエネルギーをよく使っているのであれば、男性性のエネルギーにも目を向けてください。決断し、行動し、実際に成し遂げてください。そんなことをしていると、男性性と女性性のエネルギーのバランスがとれてきて、素晴らしいパートナーシップに向かうことができるでしょう。

自分を愛する

自分の感情に責任を持ち、自分だけで幸せになれる。自分が愛や豊かさの源泉になる。こうしてエネルギー的に自立していきます。こういった考え方と合致するのが「自分を愛する」という態度です。

「自分を愛する」といっても、ナルシシズムの勧めではありません。「自分をいい状態にキープするのは、自分の仕事」という自己責任に基づく考え方です。個人というセルフ・パートナーシップのレベルで自分を愛して、自分が愛に満たされているから、本当の意味で相手を愛することができるのです。相手を愛すれば、相手もあなたを愛する。この好循環が起こるのも、自分を愛するが故です。

ところが、残念ながら、他人のために一生懸命になったりする人でも、自分を大切にするのは一番最後、という方もいます。他人に感謝できても、自分に感謝することはない、という方もいるでしょう。

子ども時代に親から自分を否定されると、「私は愛される価値がないんだ」と思い込んでしまいがちです。すると、自分で自分を否定したり、自分に厳しい言葉を浴びせたり、自分に罰を与えたりします。いろいろな問題を自分で作り上げてしまうのです。

親に否定されたのでなくても、「今の自分はよくない」「何かが足りない」「もっとよくならなければいけない」「今の私では愛されない」というメッセージを学校教師や家族、親戚、友達などからもらうことは多々あります。

その結果、焦りをいつも感じていて、本当はのんびりしたいのに、「何かをやらなくては」と思ったり、先のことばかり気にして「心ここにあらず」という状態になってしまったり、という方もいます。

他人が自分に何を求めているかばかりが気になり、自分が本当は何をしたいかわからなくなったりします。

パートナーシップも、本当に相手を愛しているかどうかよりも、とりあえず「くっつかなくては」と形ばかり追い求めてしまいます。これではうまくいくはずがありません。人生の航路は自分が決める。当たり前ですが、自分を愛していないと、そもそもどこに行きたいかがわかりません。そのため、親などの言いなりになってしまう方もいるのですが、それでは自分が思うような人生は送れません。

自分を尊重するから、相手を尊重できる。自分を愛するから、相手を愛することができる。自分を認めることができるから、相手を認めることができる。

こんな性質を育むためには、自分を愛することが必須になるのです。「自分を愛する」という言葉にピンとこない方は、「自分を大切にする」と読み替えていただいてけっこうです。

自分を愛で満たす

自分が愛で満ちているから、相手を愛することができる。自分が欠乏感でスカスカの人に、「自分を愛してごらん」と言っても、愛することはできないでしょう。

そこで、まずやっていただきたいのは、自分が自分に愛を与えて、自分を愛で満たしていくことです。

今、あなたに必要なものを与えてください。睡眠不足だったら睡眠時間を、単調な食事が続いていたら、エネルギーに満ちたおいしい食事を、働きづめの人は休息を、身体がこわばっていたらマッサージを、知識に飢えていたら良質な読書を、自分に与えてください。頑張った自分に小さなプレゼントを贈るのもいいと思います。自分をケアするのです。

こんなことを続けることで、あなたの器のなかに愛が少し増えてきます。あなたの器が愛でいっぱいになるまで、自分を愛で満たしていきましょう。他人のことは置いておきましょう。何かをするのはそのあとでまったくかまいません。

自己批判をやめる、ねぎらう

親などから厳しく批判的な態度をとられ続けると、自分が自分に対しても厳しく批判的な態度をとってしまいます。「あれがいけない、これがいけない」……そんなことばかりに目が向いてしまい、自分の行動や発言を思い出して厳しい言葉をかけてしまう方がいます。失敗しようものなら、いつまでも自分を責めたりします。

批判ばかりする態度が自分だけにとどまるかというと、そういうことはありません。周りの人も批判してしまうのです。

あなたが自分に対して批判的だったり諦めていたりするのなら、それをやめてください。「なんでこんなことができないんだ」「どうして失敗した」「私ってダメ」「どうせ私なんて」と自己批判や諦めを習慣化しているなら、やめてください。

達成不可能な高い目標を設定して、できないと「ダメだ」と自分を批判したりいじめたりする人がいるかもしれません。それは自分いじめのためにやっていませんか？　自分をいじめてもいいことはありませんから、すぐにやめてください。

むしろ、あなたはいつもよくやっているのであり、結果はともかく、そのプロセスを褒めてあげるべきです。「こんなの当然。誰だってできる」なんて厳しくしてはいけません。あなたができたことを素直に認めて、「よくやったね」と、ねぎらってあげてください。

「甘やかしじゃないか」と思う方もいるかもしれません。いいえ、厳しくするのがいいのではないのです。愛で自分を満たせば、勝手に愛で行動し始めます。それが周りの人のためになります。厳しく批判的では、相手のためになれないのです。

ルールを捨て去る

自己批判をしてしまうのは、自分が誰かに批判されていた、ということもあるのですが、別の見方をすると、「ルール」「基準」を強く持っているといえます。そのルールや基準にいつも自分を当てはめて、いいとか悪いとか、正しいとか間違っているとジャッジしているのです。そして、そのルールや基準が厳格すぎるので、自分にダメ出ししたり、批判したりするのです。

あなたは正しさにこだわってしまうのかもしれません。しかし、ルールや基準は誰が作ったのでしょうか？　あなたですか？　世間の人？　誰が作ったかわからないルールや基準を絶対視して、それで判断していいのでしょうか？

ルールや基準で人を愛したり愛さなかったりしないでください。それは条件付きの愛で、問題を起こします。

あなたに必要なのは、正しいときだけ愛する条件付きの愛ではなく、どんなときでもあなたを愛する無条件の愛です。

「ルール」や「基準」で自分をジャッジしているなら、そのルールや基準は捨て去ってください。あなたのためになりませんから。

肯定から成長することを知る

人によってはこんなふうに思う方もいるかもしれません。

「自分を肯定してはダメだ。肯定するともう成長しなくなる」

「自分はまだダメだ、足りない」と思うから、不足を埋めようとして頑張って、結果として成長するという考えです。

自分に厳しいから成長するというのです。

しかしどうでしょう。自分が自分を否定して、やる気が出るでしょうか？　出ないですよね。なにくそ、と頑張れたとしても、どこかで止まってしまうでしょう。

逆に褒めてみたらどうでしょうか。行動しなくなる？　そんなことはありません。褒められると、人はもっとやりたくなります。私の母親はとても褒める人で、私はそれで人生がうまくいってしまった感さえあります。

ですから、自分に対しても同じです。自分を褒めてあげてください。そしたら、あなたはもっと頑張れると思います。親が褒めてくれなかったと嘆かないでください。あなたがいるではありませんか。あなたがあなたを褒めるのです。

否定で成長するのではありません。肯定から人は成長するのです。

また、過去や現在を否定するのもやめてください。

確かに、あなたにはいろいろあったかもしれません。消してしまいたいようなこともあるんだと思います。うまく消化できないこともあるかもしれません。

しかし、「過去や現在はダメだけれど、未来にパートナーと出会って幸せになってやる」と思っていると、否定からは否定的な結果しか生まれてきません。思いと裏腹に、パートナーシップも問題の多いものとなるでしょう。

ですから、あなたが過去や現在、どんなことを経験していても、それはそれでいいんだと肯定してください。

「どうしても許せない人がいる」という方もいるでしょう。それがあなたの人生を止めてしまっています。特に親との関係には深いものがあります。これについては第7章でさらに見ていきましょう。

自分の感情を肯定し、受け入れる

ネガティブな感情は感じたくないものです。できれば「なかったこと」にしておきたい。しかし、これをやってしまうと、ネガティブな感情が身体に残ってしまい、思わぬときに出現し、あなたを困らせることになります。感情を否定すると、それはあなたのなかに居座り、あなたを支配しようとさえするのです。

引き寄せの法則を誤解している方は、ポジティブな感情のみを許容して、ネガティブな感情は「あってはいけないもの」「なくさなければいけないもの」と思っている方もいるでしょう。

そんなことはないのです。あなたが持つ感情は、どんな感情もOKです。ポジティブな感情もネガティブな感情も、等しくあなたそのものです。ですから、毛嫌いしたり、打ち消したりせず、まずは受け入れてしっかり感じてあげてください。感情を受け入れて感じてあげると、水が流れを変えるようにどんな感情も変化していきます。このように、感情を受け入れ、しっかり感じて、感情を水の流れのように変化させれば、あなたのエネルギーは動いて問題がありません。

感情はエネルギーなのですが、エネルギーは動いていれば、水の流れのように絶えず変化して、きれいな状態を保てます。流れが止まると、よどんだ水のように汚くなってしまうのです。

どんな感情も「いらっしゃい、感情さん」と歓迎して受け入れてあげてください。

感情を受け入れたとき、あなたのなかから否定がなくなっているのに気づくでしょう。「自己肯定ができない、難しい」と思う方は、肯定しよう、肯定しよう、と思っても否定が出てきてしまうのですが、このように自分の感情を受け入れてあげると、それ自体が自己肯定になっているのです。

ネガティブな感情も受け入れることで、肯定に変えることができるのです。

欠点がある自分を愛する

「よくなろう」という気持ちは、しばしば現状のあなたを否定してしまいます。まだ欠点があるから、自分を認めることができないのです。

「まだまだ、よくない」「まだまだ、自分を認められない」という具合です。「欠点を克服してある程度よくなったら、自分を認めてあげよう」と思うと、あなたが少しよくなっても、周りにはもっとよくなっている人がたくさんいますから、常に「まだまだ」と思ってしまいます。その人たちと比較したら、「自分はまだまだダメだな」と思わざるを得なくなります。

「よくなっても、よくなっても、まだまだ」

この考え方でいると、人生に安心することがありません。いつも、自分が自分をせき立てていて、「ああ、私はもうこれでいい」と、リラックスすることができないのです。

周りの人と比較して、「自分のほうが勝っている」「自分のほうが劣っている」と勝敗をつけることで自分の位置を確認している人は、心が休まることがないでしょう。大きなストレスになります。

他人との比較や優劣などをまったく気にせず、のびのびやりたいことをやっている人に、その秘訣を聞くと、「もういちいち自分の欠点を探してダメ出しするのをやめた」という答えがとても多いです。私自身、他人と比較して、至らない点を探すのをやめるようになって、人生はとてもラクになりました。周りを気にせず、のびのびとやりたいことができるようになりました。

努力をしないという意味ではありません。努力をしている自分をいちいち他人と比較しなくなったのです。

あなたも、まだ自分を愛することができない、自分を尊重することができない、というのであれば、他人と比較したり、自分の欠点を探してダメ出ししたり、「まだまだだ」と思うのをやめていいのです。そして、「欠点や至らぬ点はあるけれど、私はもうこれでいいことにする！　あら探しはやめた！」と宣言してしまいましょう。

例えば、セミナーを開催したいと思っているのに、全然セミナーをやらない人がいるとしょう。「自分はまだ知識が少ないから、もっと知識をつけてからじゃないと、セミナーをしてはいけない」と信じているのです。そして、勉強に励む。努力の甲斐《かい》あって、一つの分野はほぼ完璧になった。じゃあ、セミナーをしていいと思えるかというと、そうでもなかったりします。「いや、隣接する部分も関係するから、ほかの分野も学ばなければ」。こうやって、どんどんセミナー開催が先延ばしされていくのです。

セミナーを実際に行うには、どこかのタイミングで完全に準備する考えを捨てて、もうやるしかないのです。

自分を愛するのもこれと似ています。自分を磨こうとするのはいいことですが、それが自分を愛さない理由になってはいけません。もうどこかで実際に愛し始める必要があるのです。

それはいつでしょうか？　実は今です。今のあなた。欠点もあるし、もっと成長すべきだと思うあなた。そのあなたを愛するのです。「よくやっている、頑張っている」と、ねぎらってあげるのです。

よくなった自分だけを愛すると、条件付きの愛になります。

必要なのは、無条件の愛。欠点もあるし、至らぬ点もある。そんなあなたを今、愛するのです。

そうです。もうあなたは自分を愛していいのですよ。それしかないのです。

自分を愛するというのは、「人生の目的」とも関係します。私たちはそれぞれがユニークな目的を持って生まれてきています。だから、同じにならなくていいのです。勇気を持って違いを認めて、比較をやめればいいのです。それが魂の道にかなっています。

過去の失敗、至らなさを許す

過去に起こった出来事が原因で、自分を愛せないという方もいるでしょう。過去、大きな失敗をした、人を傷つけた、至らない対応をとってしまったと、ずっと後悔しているのです。そして、そんな自分を許せないでいます。罪悪感も感じているでしょう。

もし、あなたがこんなふうに思っているなら、周りの人についても同じように「許せない」と思っているかもしれません。自分に厳しい人は他人にも厳しい。自分を許せない人は、他人も許せないのです。

「許せない」というのは、形を変えた攻撃です。

過去は変えることができません。すると、あなたはこれから先ずっと、自分を許せないし、周りを許せず、攻撃し続けるでしょう。

もちろんこのやり方を続けたら、幸せを感じることはありません。幸せを感じようとするなら、幸せを感じるためには、過去失敗した自分、至らぬ点のあった自分を、丸ごと愛してあげるのです。

人間ですから、失敗するのです。うまくいかないこともあるのです。でも、それでいいのです。それにこだわってはいけないのです。

罪悪感や後悔にとらわれるのではなく、あなたが人を許すことを学び、自分が幸せになってください。それが何よりもいい対応です。

あなたは過去に何があろうと、幸せになっていい。幸せになってはいけない人などいないのです。

正しさよりも、楽しさ

セルフ・パートナーシップ、そして、相手とのパートナーシップで、問題となるのは

「正しさ」を関係に持ち込んでしまうことです。

確かに、通常の世界は、ルールや決まり事で正しいとか間違っているとか、常に判断しています。しかし、この「正しさ」をパートナーシップに持ち込むと、おかしなことになるのです。

ルールや決まり事は、破られるためにあるようなものです。守るのが難しいから、ルールや決まり事があるのです。ルールから外れることは当然あるのです。

そのときどうするか。「正しさ」にとらわれてしまうと、ルールや決まり事で相手をジャッジして、断罪したくなります。自分は正しい、相手は間違っている、と思うと、相手を非難したくなるのです。

「正しさ」やルールにとらわれていると、セルフ・パートナーシップでも、自分で自分を断罪してしまいます。自分の仕事は、自分を愛して、いい状態にすることなのに。

パートナーシップで大事なのは、「正しさ」ではなく「楽しさ」です。

あなたは自分の好きなことをする許可を自分に与えていますか？　好きなことをして楽しんでいますか？

好きなことをやると、それが自分への栄養になります。自分がどんどん元気になり、イキイキしてきます。そして、好きなことをやっていると、自然と自分を好きになります。「自分を愛するには」と悩むよりも、好きなことをやっているほうが、自分を愛せるのです。

なんでもいいのです。料理が好きな人は料理をすればいい。旅行が好きな人は旅行をすればいい。研究が好きな人は研究をすればいい。お金を稼ぐ工夫をするのが好きな人は工夫をすればいい。楽器が好きな人は楽器を演奏すればいい。本当になんでもいいのです。

自分だけでも楽しむことができるのを知ったら、「自分だけでも幸せ」はほとんど理解できるでしょう。

なかには、「やりたいこと」と「やらなければいけないこと」のバランスが難しい、という方もいます。「やりたいこと」は楽しさです。「やらなければいけないこと」は、ルールとか決まり事、「正しさ」です。

「やらなければいけないこと」という表現には、「本当はやりたくないんだけど」というニュアンスが感じられます。それを義務感や罪悪感からやっている。いやいややっている。自由じゃない感じです。

本来的には、自分の人生ですから、自分の意に反してやらなければいけないことはないはずです。単純にやるべきことです。「やらなければいけないことがある」と思うとき、あなたのなかで何かが違っていると思ったほうがいいです。

考え方が間違っていることもあります（誰かのルールに従っている）。

それが無意味だと思っていることもあります。

それが苦手ということもあるでしょう。

いずれにせよ、「やらなければいけないこと」は正しさやルールに基づいています。

自分のなかで考え方を変えるなり、消化したり、工夫したりして、「やらなければいけないこと」に割《さ》くエネルギーを減らしてください。そして、「楽しさ」にエネルギーを割いてください。すると、セルフ・パートナーシップはとてもいいものになってくるでしょう。

批判する人とは付き合わない

自分自身との関係をよくするために、付き合う人も選びたいものです。

自分を批判したり、貶めたり、利用したりする人と、付き合う理由はありません。そういう人と付き合っていると、「私は〇〇なんだ」と、批判者の言葉を信じ込んでしまいます。そして、セルフ・パートナーシップも悪いものになりがちです。

自分を認めてくれる人、褒めてくれる人、自分のいいところを伝えてくれる人と付き合ってください。こんな姿勢で付き合ってくれる人といると、自然に自分を認めて、自分に対してポジティブなイメージを持つでしょう。セルフ・パートナーシップもどんどんよくなってくるはずです。

光り輝くセルフ・パートナーシップ

あなたが自分を楽しんでいるとき、あなたは肉体の自分と本質の自分である魂が、重なり合いつつあります。愛や喜び、感謝、平和といった高い波動の感情を持つのは、魂から高い波動のエネルギーが流れ込んでいることなのです。

一人で自分を楽しんで魂と波動的に重なり合い、一つのエネルギーとして完結しているのが、あなたの本来的なあり方です。本章でお伝えした考え方や実践を採り入れることで、徐々にあなたは魂と近づいてくるでしょう。

するると、エネルギー的に完結して自立していきます。誰かに依存するわけではないので自由です。自由に、魂の成長をさらに求めます。従うべきは自分であり、魂だとわかっています。常に愛の波動を帯び、自分の使命や役割に忠実であろうとします。そして、実際、魂としてやるべき使命や役割に邁進し、イキイキしています。

このような状態になると、あなたは愛を放出し、愛の波動で輝いています。まるで、周りの人があなたを感じると、光の柱が立ったような感覚を持つかもしれません。

あなたのいる場所に光の柱が一本立っています。近くを見回すと、ほかにも光の柱が立っていると思います。

セルフ・パートナーシップを築くことで、こんな光の柱がたくさん現れてきます。すると、あなたは同じように魂とのつながりを作った光の柱たちと出会うことができるようになります。これをソウルメイトと呼んだりします。

次章ではソウルメイトについて詳しく解説していきましょう。

第5章

ソウルメイトと出会う方法

スピリチュアル・パートナーシップへの移行

自分を愛してエネルギー的に自分だけで完結できるようになり、「一人でも幸せ」という意識になると、波動が大きく変わってきます。

すると、出会う相手が変わってきます。仕事でかかわる人、街で見かける人、集まりで話す人などに、変化が起こります。いい人と出会っている実感を持てるようになります。

そしてプライベートでは95ページの図の「スピリチュアル・パートナーシップ」に移行する準備が徐々にできてきます。「スピリチュアル・パートナーシップ」は波動が高く、自立した二人が築く関係のことです。

私たちの場合だと、ともに「東西の架け橋となってスピリチュアルを伝えていく」という大きな目的を共有していますが、日々、二人で同じことをやっているわけではありません。互いが思いついてやることを尊重しながらも、それに影響されたりしません。あくまで、自分の魂の目的を第一に考えています。

面白いのは、自分の目的を追求していると、それがしばしば相手のためになることです。妻が出会った人が、私のためになってくれることがよくあったりするのです。互いに好きなことをすればいいのです。それがいつも一致するわけではありませんので、相手の意思を常に尊重します。「一緒にいなければ夫婦じゃない」といった制限や恐れはもうありません。

一方で、別々に動いていても、常にどこかでつながっている感覚があります。それがスピリチュアル・パートナーシップの一つの特徴だと思います。

シングルの人、相手がいる人のケース

さて、セルフ・パートナーシップがうまくいき始めたとき、シングルの人と相手が既にいる人は、どんな動きをするでしょうか。

シングルだった人は、自分が魂の道を歩み始めると、同じようにセルフ・パートナーシップを築いた相手と出会い、3の「スピリチュアル・パートナーシップ」の関係をとり結ぶことができます。そしてさらに魂の学びを続けるでしょう。

これができるのも、セルフ・パートナーシップを改善したおかげ。あなた個人が学んで進化すれば、パートナーシップの質も進化します。これはとても希望が持てることです。

さて、既に相手がいる場合はどうなるでしょうか。その場合、2の「相互依存」の関係から3の「スピリチュアル・パートナーシップ」に進化することになるはずです。一概にいいにくいのですが、その人がどんな「人生の計画」をしているか、いい換えれば、相手とどんな魂のつながりがあるかで、起こってくる出来事は違ってくると思います。

この先も魂の学びを続ける設定になっていれば、いざこざはあるとしても、相手もあなたに歩調を合わせて、セルフ・パートナーシップを作っていくでしょう。そして、ともに成長する準備を続けると思います。

ただし、スピリチュアルな教えやオラクルカード、ヨガやリトリートに興味を示さないからといって、相手をジャッジしないでください。実質的に、あなたと魂の学びを続ける姿勢があるかどうかが大事です。

不幸にも相手に抵抗感が強いと、波動が違いすぎて、会話も成り立たなくなるかもしれません。こんなとき、身の回りに起こるサインにも注意してください。今の相手とさらに成長するのか、ここまでなのかは、「流れ」として感じられると思います。起こっている出来事に注意してください。起こっている出来事が相手とさらに成長を目指す方向なのか、ここで別れて別の学びをするほうに向かっているのか。また魂からくる感情にも注意してください。相手とやりきった感じがあるのか、まだやるべきことが残っているのか。頭ではなくハートで感じてみてください。頭で考えると恐れになります。ハートに尋ねてみてください。

「こうだ」と思えたら、恐れないでください。あなたのハートが本当に望んでいる道を選択してください。セルフ・パートナーシップを達成し、魂の道を歩んでいるあなたなら、わかるはず。どうぞ、抵抗せず、ハートのままに道を選んでください。

全員がソウルメイト

3の「スピリチュアル・パートナーシップ」は、依存によらない自由なパートナーシップで、互いの成長を助ける目的があります。

このとき出会うのが、ソウルメイトです。

ソウルメイトにもいろいろな定義がありますが、本書では「目的を共有した魂の関係」のことをソウルメイトと呼ぶことにします。

前にも解説したように、魂は地球に転生する前に、「人生の計画」を立てます。そして、魂が学びを行うために、魂のグループのメンバーが「配役」につきます。配役にもいろいろあって、主人公となる魂の成長を助けるためにいつもアドバイスをくれ守ってくれるようなありがたい存在から、主人公に挑み、ライバルとなる存在もいます。つまり、あなたが経験する人（魂）は、全員がソウルメイトで、あなたの学びの配役だといえるのです。

あなたのご両親もソウルメイトだし、ご兄弟もソウルメイトです。今、結婚しているなら、相手はソウルメイトです。偶然関係を結ぶことは、「人生の計画」からするとあり得ないことだからです。

子どもがいるなら、子どももソウルメイトです。あなたの子どもは、あなたが思うのとは逆に、あなたの先生、師匠に当たる魂です。子どもがあなたに的を射たアドバイスをくれることがあるように、子どもの言葉はあなたの成長の大きな助けになっています。

あなたをサポートするために、あなたの許にやってくる子どももいるのです。

また、友人、仕事上のパートナー、会社の上司、同僚なども、ソウルメイトであり得ます。

なお、ツイン・フレームという言葉もあってソウルメイトと似ていますが、微妙に異なります。ツイン・フレームは、一つの魂を二つに分けて別々に体験を積む選択をした魂のことです。ツイン・フレームはまったく同じ魂のため、出会うと感情の度合いが非常に強くなります。また、文字どおり炎のようで、相手を燃やしかねないところがあります。ツイン・フレームはしばしば強烈ですが、ソウルメイトは調和がとれているケースがほとんどです。

ちなみに、ペットもソウルメイトです。ペットは、あなたの許でかわいがられることで人間の愛を学び、次の人生で人間に転生しようとしている魂のことが多いです。

優しいだけがソウルメイトの特徴ではない

ソウルメイトというと、なんでもあなたのことを理解してくれる優しい人、というイメージがあるかもしれません。実際、「ソウルメイトだからケンカをしたことがない」という人たちもいます。しかし、多くの場合はそうではありません。なぜなら、優しく、受け入れてくれることだけが、魂の成長を促すわけではないからです。

伴侶としてパートナーシップを結ぶソウルメイトは、あなたの魂の成長に直接かかわる魂です。そのため、パートナーとして実現する目的を互いに共有しながらも、独自の観点から相手を刺激しようとします。ソウルメイトは我慢や無関心とは無縁なので、互いに言うべきことを言います。ある意味厳しくさえ思えるかもしれません。ですが、普通の意味でのケンカとは違って、共通の目的のための愛あるアドバイスと思うのがいいのです。こういうところが、2の「相互依存」によるパートナーシップと根本的に異なるところです。

私と妻とのパートナーシップは、優しいものではありますが、それだけではなく、互いのために直言することもあります。それは愛へ進化するためのものなので、ありがたく受け取ります。

ときには意見が分かれ、別の選択をとることもあります。このとき、相手と一緒にいないと不安になってしまうのでは、ソウルメイトとはいえません。この意味でも、3の

「スピリチュアル・パートナーシップ」やソウルメイトに移行するためには、「自分だけでも十分に幸せ、自分が幸せの源泉」というセルフ・パートナーシップをマスターする必要があるのです。

なお、「魂」という言葉の使い方についてひと言。「魂」が自分とは関係ない高次の存在だと思うと、「人」や「相手」と普通は書くべきところを「魂」と表現したとき、違和感を覚えるかもしれません。「魂」はあなたの本質です。ですから、「魂」もあなたであることに違いはないのです。あなたのなかの「魂」を見ているとき、あなたを「魂」と表現しているんだと思ってください。

学びが終われば去って行くソウルメイト

「一人の人と添い遂げたい」というのが、多くの人に共有されているビリーフ（信念）のようですが、魂の学びはそれとは異なっています。むしろ、「ソウルメイトは学びが終われば去って行く」と考えるほうが実態に合っています。もちろん、共通の目的を追い求めて、最後まで一緒に活動するソウルメイトもいます。ですが、それればかりではないのです。

あなたの人生のある時期、突然現れて、印象に残る感情を味わわせ、突然去って行った人はいませんでしたか？　当初は友好的だったのに、豹変したように、その人があなたに何かを突きつけたように感じたかもしれません。でも、何かのきっかけで、その人はあなたの人生からまた突然去って行ったりします。

これも学びのために起こっていることで、学びが終わると、その人はあなたの目の前から去って行くのです。

人生の伴侶も同じです。私は二度結婚していますが、どちらもソウルメイトだと思っています。学びが終わった、やりきったので、次の扉が開いた。魂レベルで見ると、そのようなことなのです。

ソウルメイトとの関係の深さは、ともに過ごす時間の長さとは関係ありません。魂にとって、どれだけ学びになるのか。そちらのほうが重要です。

この意味でも、セルフ・パートナーシップをマスターしていないと、相手に執着してしまい、学びどころではないでしょう。やはり、セルフ・パートナーシップという基本が大事です。

ソウルメイトはどうやってわかるか

あなたが出会う人は全員がソウルメイトです。こういう広い視野を持っていると、さらにソウルメイトに出会いやすくなります。

さて、伴侶としてのソウルメイト（以下、単にソウルメイトと呼びます）は、どうしたらそれとわかるでしょうか。

多くの方が想像するような恋愛感情とは違うように思います。表面的な好き嫌いではなく、魂レベルからの強い共振がソウルメイトの大きな特徴です。その強い共振には、抵抗できない強さがあります。これは、自分の魂に触れるとき、「そうとしか考えられない」といった「抵抗できない力」や「メッセージ」を感じるのと似ています。そして、「一緒に何かをやっていくんだろうな」といった予感を伴っていることもあります。

また、ソウルメイトは魂の強い共振が特徴なので、二人が出会うとき、ずっと昔に旅立った「故郷」に再び戻ったような感覚を持つでしょう。私は、妻本人もそうですが、彼女の家族に対しても「故郷」のような感覚を持ちました。これは、家族が私を受け入れてくれたからだけではありません。そうなる前に、既に「故郷」に戻ったような感覚があったのです。

人によっては「これでいい」「そのまま行きなさい」といった強い肯定のメッセージを宇宙やスピリットガイドからもらう方もいるでしょう。私の場合はそうでした。

また「使命感」を感じることもあるでしょう。自分の願望や幸せを満たすためだけではなく、大義のために今、出会っているんだというような感覚を持つかもしれません。大義とは個人のことではなく、世の中や世界、地球、宇宙といった大きな視点で見たときの「よきこと」であり「高次の目的」のことです。だからこそ、困難があっても、出会いも、使命も、ついには成し遂げるのです。

ソウルメイトとの出会いは魂の設定と関係するので、シンクロが頻発したり、あり得ない出会い方だったり、宇宙にお膳立てされたような環境で出会ったりすることがよくあります。

魂的な意味で、「釣り合っている」感覚もあるでしょう。ソウルメイトは同じ目的を共有するため、互いの魂を尊重し、リスペクトするのです。どちらか一方が魂的に学びが進んでいて、どちらか一方がまだ学びの途中ということはないのです。

要するに、「ただの恋愛じゃない。魂の呼びかけだ」といった強い要素を感じるのが、ソウルメイトと出会った感覚です。

ソウルメイトと出会うには

ソウルメイトに関心を持つ人は、今世でソウルメイトに出会います。いえ、むしろ関心を持たなくても、出会うべき人には出会います。私は後者のパターンでした。では、どうしたら、ソウルメイトと出会えるのか、そのヒントをお伝えしましょう。

魂の道を歩く

ソウルメイトは、あなたが生まれる前に決めてきた「人生の計画」にあなたが気づき、「ああ、これが魂が計画していたことだ」と得心したとき、出会うものです。ですから、まずあなたが、自分の魂に目覚め、魂の道を歩んでいることがソウルメイトと出会う条件になります。「人生の計画」で決めてきた魂の道。これを知り、魂の道を堂々と歩いているとき、互いをサポートするためにソウルメイトと出会うのです。

なぜ今世、このタイミングでここに生まれたのか。それには理由があります。その理由をちゃんと知って、それに基づいて生きるというスピリチュアルな態度が、ソウルメイトと出会うためには不可欠です。

モノやお金、人への執着や恐れを手放し、魂の道を実際に歩む準備ができているかどうかも大事です。ソウルメイトに出会おうとする人は、そんな準備ができているか、試されることになるかもしれません。私の場合は大いに試されました。

お金を稼いで家を建てて、子どもを育ててという普通の意味での結婚生活もソウルメイトにはありますが、人生で第一にくるのが、ソウルメイトとともに実現する目的なのです。

魂の道を歩くと、これまで謎だったことがわかるようになり、自分の人生というジグソーパズルに欠けていたピースがピタリとはまって、大きな絵が完成する感覚を持つことがよくあります。シンクロやインスピレーションを日常的に体験するようになり、想定しないミラクルさえ起こります。自分の思いを超えた偉大な力が自分に作用しているのを感じて、宇宙と一体化しているようになります。こんなとき、宇宙からエネルギーが自分に流れ込んできて、物質では味わうことのできない生き甲斐や幸福感、躍動感を感じます。こんなことが起こるのも、魂の道を歩いているからです。

自分を愛して、ハートの声に耳を傾ける

「人生の計画」を思い出し、魂の道を歩くには、近道があります。自分を愛して、自分のハートの声に耳を傾けることです。

なぜなら、「人生の計画」は、自分で思い出すしか方法がないからです。そのためには、自分の心の内側を探求して、自分の魂がどんな性質を持っているのか、知る必要があります。そのためにできることが、自分を愛して、自分のハートの声に耳を傾けることです。

いい換えれば、セルフ・パートナーシップです。第4章でセルフ・パートナーシップを取り上げたのは、このためでもあるのです。

自分の内側を深く探るには、自分に対して抵抗感があったら難しくなってしまいます。自分を素直に愛して、自分を認めてあげれば、内側を見ることができるようになって、

「本当の自分」である魂に気づいていきます。

つまり、「一人だと寂しい」とか「将来が不安」といった感情を持っていたり、その理由から「どうせならソウルメイトがいい」と思ったりしても、非常に実現しにくいのです。

しかし人が「一人だと寂しい」とか「将来が不安」という感情を習慣的に持ってしまうのも事実です。今、それを持っていてもいいのです。ですがそれをそのままにせず、あなたの内側からなくしていきましょう。これを手放しと呼びます。手放すことが成長です。

「一人だと寂しい」「将来が不安」といった感情を持っているなら、それは手放してください。手放しには次ページから紹介する方法が使えます。

自分一人でも幸せで、自分のやるべきことがわかっていて、それに邁進している。そして、自己探求を続けて、自分の使命やミッションなど、生まれた理由を知る。こんな方向性で、魂の道を歩んでいく必要があるのです。

手放す

しかし、ひと言で「自分の内側を探求する」といっても、どうしたらいいでしょうか。自分の魂や「人生の計画」を知識としてではなく、体感として感じるには、あなたの波動を高める必要があります。三次元世界の出来事に忙殺されているあなたは、三次元世界の波動になってしまっています。端的にいえば、低い波動です。低い波動とは、不安や怒り、イライラなどネガティブな感情を持っている状態です。低い波動では、自分の魂や「人生の計画」といった波動の高いものにはあなたはアクセスできません。ですから、あなたは波動を上げていく必要があるのです。簡単にいうと、ネガティブな感情を感じがちな状態から、愛、感謝、喜びといったポジティブな感情を感じているあなたになればいいのです。

波動を上げる、有力な方法が「手放し」です。

手放しとは、あなたのなかにあるエネルギーを変容させる方法です。簡単にいうと、あなたのなかから、役に立たない感情をなくしていくことが手放しです。

手放しの詳細は、拙書『真実の引き寄せの法則「ハートにしたがう」だけで、すべての願いは叶う』（すばる舎）をご覧いただきたいのですが、簡単に説明しましょう。

手放しを行うには、手放しの方法に従うといいです。

手放しの方法にはいろいろなものがあり、トラウマの癒しに使われるものもあります。

本書では、こんな方法を紹介しましょう。


【イメージして手放す】

1. 手放したい感情を嫌がらず歓迎して、感じてあげます。
2. その感情はあなたのハートにあります。その感情をイメージのなかで「形」として表現するとどんなものになりますか。丸、四角、三角？　色は？　重さは？　素材は石？　木？　鉄？　ドロドロした液体？　触った感触は？　すべすべ？　チクチク？　ざらざら？　あなたの受け取り方でいいので、その感情を形として表してください。
3. それができたら、深呼吸をして、ハートからその「形」を手を使って抜き取ります。
4. その形から手を放してください。すると、その形は重力で地面に落ちます。

5. 地球はその形を優しく回収してくれます。「こんなものを落として」と、罪悪感を持つ必要はありません。母なる地球は、すべてを癒し、あなたを育むためにあるのです。

この方法でも十分な効果を感じる方もいるでしょう。ただし、「感情がなくなる」というのは、慣れないとわかりにくいものです。感情を手放すことができると、「ラクになる」「スッキリする」「軽くなる」「バラバラだった自分が統合され、まとまってくる」といった感覚を持つので、こんな感覚を持てたら、手放しができたと思っていいでしょう。練習して、手放す感覚をつかんでください。

最初に手放すのは、自分や相手、周りの人に対するネガティブな感情です。

「私は愛されない」「大切な人は去って行く」「どうせ私はうまくいかない」「男は女を支配しようとしている」「女性は感情的だ」「男は浮気をする」「家族は家事を手伝ってくれない」「家族は足かせだ」「絵に描いたような幸せな家族でなくてはならない」「結婚したら一生添い遂げなければならない」「一人だと寂しい」「一人だと老後が不安」「家族とうまくやるには我慢しなければならない」……今挙げたのは思考（正確にはビ

リーフ、信念）ですが、そこに感情が乗っていて力を振るっています。思考そのものをなくそうとするよりも、その感情を手放すほうが簡単で効果的です。ですから、「イメージして手放す」では、感情を形にして手放したのです。

なお、イメージによる手放しの方法や本書でほかに紹介する方法は、過去の恋愛の傷で前に進めない方にも有効です。試してみてください。

また、一見ポジティブな感情も手放すのを試してください。

「相手が○○してくれたら幸せ」「絶対にパートナーシップをうまくいかせる」「パートナーといれば人生は大丈夫」「きっとパートナーが成長してくれる」……こういった思考と感情も手放すのを試してみてください。愛や感謝、喜びといった魂本来の波動は手放すことができませんが、思考からきた期待感や相手への要望などは手放すことができます。

手放しが活躍するパートナーシップ

波動を上げるために、手放しはとても重要ですが、パートナーシップをよりよいものにするためにも、手放しは大活躍します。

自立したソウルメイトとの関係でも、意見の相違は起こります。このとき、自分の意見に固執して、口論を続けるのか、落としどころを見つけるのか。正しさでいくのか、楽しさや愛でいくのか。

こんなときは「どんな考えを採用したら、二人の関係はよくなるだろうか」と自分に問い掛けてください。

「○○すべき」を採用して、二人の関係を味気ないものにしてしまうのか、口論をやめて二人の関係をよりよくし、二人の共通の目的に向かうのか。自分の持っている考えが、幸せや共通の目的に合致しないなら、その考えを手放すのが最善の方法だと考えます。

自分の考えを主張しないのではありません。我慢するのでもありません。へりくだるのでもありません。その考えを自分の内側からなくして、新しい考えを採用するのです。これが本当の成長なのです。

例えば、私と妻は同じ会社の社員です。そして私は、同じ会社だから、同じような考え・やり方でお客さまと接するのがいいと思っていました。しかし、そのやり方はとても苦しいというフィードバックをもらいました。実は、私のやり方は自分の考えやルールを相手に押しつけているだけだったのです。なるほど私の考え方は、「ちゃんとした企業」のようで、正しいのかもしれません。しかし、それを強制すると、楽しくなくなってしまうのです。口論の末、自室に引きこもって、考えをまとめてみました。そして決めました。正しさは手放そうと。それ以降、やり方については、互いに任せるようにしたのです。その結果、はるかに仕事はやりやすくなりました。

あなたもパートナーシップで口論やケンカが起こっているときは、手放すチャンスだと思ってください。

このとき、「相手が変わってほしい」と思ってしまうかもしれません。でもそれをやると、パートナーシップはさらに悪化してしまいます。

変えることができるのは自分だけ。「相手に変わってほしい」「相手が変わるべき」という考え方こそ、手放すべきものです。あなたのなかにあるどの考えを手放せば、パートナーシップがよりよくなるでしょうか？　そんなふうに問い掛けて、気づいて、手放してください。

「早く、ソウルメイトに出会いたい。手放しなんてやらなきゃいけないの？」と思う方もいるでしょう。残念ながら、魂の道に近道はありません。やるべきことをやるから、ソウルメイトに出会う準備が整うのです。むしろ、手放すことが人生です。もう役立たない古い生き方や考え方、ビリーフ、行動パターンを自分の内側からなくして、新しい生き方や考え方、ビリーフ、行動パターンを持つ。これが成長であり、人生を通してやっていくことです。この意味で、人生は手放すことのなかにあるので、ぜひじっくり手放しに取り組んでください。

魂の音を響かせるワーク

手放しを行い、自分を愛して、セルフ・パートナーシップを改善し、魂の道に従って生き始めるとき、ソウルメイトに出会う準備ができています。

あなたがそんな状態なら、あなたの魂の音を響かせることで、ソウルメイトたちに気づいてもらう方法を試すのもいいでしょう。

それぞれの魂には、その魂に特有の「音」が刻印されています。それがシグネチャー・バイブレーションと呼ばれるもので、その「音」を聞くだけで、どの魂か、判別できるものなのです。

あなたにも、シグネチャー・バイブレーションというあなたに特有の「音」があります。その音を今、響かせてください。

【魂の音を響かせるワーク】

1. イスに座って背筋を伸ばし、手は手の平を上にして膝の上に置きます。リラックスして深呼吸を始めます。

2. 心が落ち着いたら、あなたのハートを感じてみてください。心臓の上に手を置いてもいいです。

3. イメージしてください。あなたのハートの空間には、大きなクリスタルの柱があります。このクリスタルの柱は特有の周波数で震動しています。それがあなたのシグネチャー・バイブレーションです。

4. では、このクリスタルを震動させて、シグネチャー・バイブレーションという魂の音を響かせてみましょう。やり方は、あなた次第。クリスタルに手を優しく触れてもいいですし、クリスタルに「振動せよ」と命令することでもいいです。人によっては、クリスタルボウルのようにバチでクリスタルを叩くと魂の音が出ると思う方もいるでしょう。あなたの方法でいいので、魂の音を今、鳴らしてみてください。

5. あなたの魂の音がハートから同心円状に四方に広がっているのを感じてください。あなたの音が宇宙に放たれました。

6. その音はあなたの魂の印です。その魂の音に気づいて、あなたのソウルメイトたちがやってくるのを、心を開いて歓迎してください。

7. ソウルメイトたちはときとして、あなたの想像と違う形でやってきます。ジャッジを避け、あなたの許にやってくる人を受け入れ交流してください。そこから、本当のソウルメイトがわかるでしょう。

あなたのシグネチャー・バイブレーションである「音」を響かせることで、ソウルメイトたちにあなたの存在が伝わります。その音がソウルメイトを引き寄せるでしょう。どうぞ引き続き研鑽《けんさん》に励み、魂の道を歩んでください。

魂とハートをつなげるワーク

さらに魂とハートをつなげるワークをやっておくと、魂とあなたとの絆が深まり、その光がさらに魂の道を照らしてくれるでしょう。

【魂とハートをつなげるワーク】

1. イスに座って背筋を伸ばし、手は手の平を上にして膝の上に置きます。リラックスして深呼吸を始めます。
2. あなたのハートを感じてみてください。そして、あなたのハートの中心に、宝物があるのをイメージしてください。宝石かもしれませんし、金銀財宝が詰まった箱かもしれません。あなたの心に浮かぶイメージを持ってみてください。
3. 宝物がハートにあるのをしばらく感じてみてください。
4. 今度は、あなたの頭上5メートルのところに、あなたの魂が人の形をとって浮かんでいるのをイメージしてみてください。

5. 魂にもハートがあり、そのハートの中心からはまばゆい光があふれ出ています。

6. あなたの魂はだんだん降りてきます。そして、あなたとピッタリ重なります。あなたのハートとあなたの魂のハートも重なり合います。あなたのハートの財宝と魂のハートの光が合わさり、あなたの財宝がさらに美しく光り輝きます。

7. 魂と一つになったあなたのハートからは強い光が放出されています。それは愛の光です。その強力な光はハートから放射されて、周りを照らします。

8. 愛の光が周りを癒し、ソウルメイトを呼び寄せているのを感じてください。

あなたは、魂と重なって生きているとき、強い光を発します。それは引き寄せの磁力でもあります。あなたらしく生きているとき、あなたは光り輝くのです。どうぞあなたらしく生きるようにしてください。

家族のために自分らしくいられないときは

ここでありそうなご質問に答えておきましょう。ご家族やお子さんがいて、これまで

2の「相互依存」のパートナーシップで生きてきた方がいるとします。本書の考えを知って、自分らしく魂の道を歩みたいと思ったのですが、家族はこれまでどおり依存的。依存されていたら、魂の道を歩くどころか、家族の世話に忙殺されてしまう。「やりたいこと」よりも「やるべきこと」が多すぎる。おまけに、パートナーは非協力的……こんなケースを取り上げてみましょう。

家族が全員依存的なので、そこから抜け、自立したいということでしょう。ご家族が話せばわかる年齢であることが前提ですが、あなたの気持ちをよく伝えるのがいいと思います。これまで家族の世話を中心になって行ってきた方は、もうこれまでどおりにはできないことを伝えてください。そして、家族の自立を促します。家族が依存してきても、あなたは取り合いません。

これまで、「家族とは制限すること」「家族とは我慢すること」だった家庭では、これは大きな変化だと思います。これまでの考え方を大きく変えて、「家族はそれぞれがやりたいことをサポートする場」だと定義を変えるのです。

そして、理想的には「やるべきこと」といった外から強制されることはなくしていき、「やりたいこと」で人生を満たすのです。

あなたは自分が要求しているように、家族にも「やりたいことをやっていいよ」と認めることができるでしょうか。それを認めると、家族が機能しなくなるといった恐れを持つかもしれません。お子さんは「学校に行かない」と言うかもしれません。稼ぎ頭は「仕事を辞めたい」と言うかもしれません。

今は抑え込んでいるから、それが顕在化していないだけで、いずれ問題が出てくるなら、それぞれの気持ちを尊重するのが最善の方法になるのではないでしょうか。こうして、魂に従って生きるのを、実地で家族に示すのも意義あることです。

ご注意いただきたいのは、すべては愛で行われなければならないということです。焦りを感じて、「何かをやらなくては」と思ってしまうと、家族が足かせに感じるかもしれません。しかし、それはその焦りのほうが間違っています。「本当の自分」として自分らしく生きるとしたら、家族に対しては愛で接するものです。愛を持って、自立を促せばいいのです。「愛だから周りの人の要求を受け入れなければならない」と考えるのは、自己虐待です。愛を持ってNOと言うことも学ぶ必要があるのです。愛は優しさでもあるけれど、NOという強さでもあるのです。

もちろん、依存し合うのもアリです。しかし、それが「やるべきこと」というルールと義務感で家族全員を縛っていないか、本当にあなたを幸せにするのか、問い掛けてみてください。

ソウルメイトの妻との出会い

では、私がどうやって、ソウルメイトの妻と出会ったか、シェアしましょう。

私は過去、編集者の仕事をしていて、本を作っていました。２００７年にエイブラハムの引き寄せの法則シリーズをプロデュースしてヒットさせ、今の引き寄せブームを作ったのです。同時に、引き寄せの法則公式ブログを書いて、多くの人に知られるようになりました。

そして会社員なのに引き寄せの法則のセミナーを各地で始めました。妻と出会ったのは、大阪での引き寄せセミナーの会場でした。自己啓発やスピリチュアルに興味があり、さまざまなセミナーに通っていた妻は、引き寄せの法則にも興味があり、情報を求めてやってきたのです。

最初に出会ったとき、電気が走ったのかというと、そんなことはありませんでした。

そのときは、ソウルメイトだとはまったく気づきませんでした。

でもその1年後、お母様の具合が悪いということを漏れ聞きました。でも時間がなく、詳しく聞くことができませんでした。

気にしていたところ、ちょうどいいタイミングで、そのころ妻が住んでいた神戸に出張が入りました。仕事が終わった後、お母様の話を聞くことにしました。

お母様は妻の目の前で脳溢血で倒れ、植物状態になっていることがわかりました。妻は必死に看病をしていました。その話を聞いて、「ああしたらいい、こうしたらいい」と、スピリチュアルの知識を生かしながら、相談に乗ったのです。

そして別れ際に、セミナーの最後にやるように、駅の改札前でハグをしました。

そこで互いにわかったのです。「ああ、この人は特別な人だ」と。

会って話していると、ジグソーパズルのピースが埋まっていくような感覚を持ちました。「ああそうか、こうして出会うために、あれが起こったのだな」と。

ところが、事態は急変しました。お母様が突然息を引き取ったのです。

妻は動転していました。このままにしておいたら、どうなるかわからないと思いました。

そこで、すぐさま決心しました。あす朝一番で、神戸に旅立つと。

実はこのとき、前妻と結婚していました。うまくいかないのになんとか関係を続けていましたが、決定的なすれ違いがあって、「あなたとは別れる」と私が宣言をしていました。しかし、それがこんなに早く実現するとは、予想していませんでした。

本当のことを前妻に話しました。

会社にも休みを伝えました。5日ぐらい休んだかもしれません。忙しくて、自分の祖母の葬式にも出られなかったのに、急ぎの仕事がなく、休みをとることができました。いいえ、会社が休みを許可しなくても、神戸には行ったでしょう。それほど、切羽詰まっていて、私がそばにいなければ、とうてい妻はもたないと思ったのです。

家庭も仕事も、このあとどうなるかまったくわかりません。すべてを失う可能性もありました。ですが、迷いはありませんでした。

妻のお母様に意識を合わせ続けていたら、「よろしく」と頼まれたように感じました。また、別のおりに、イギリスから霊能者がやってきて、「あなたの決断は正しい」と、スピリットガイドのメッセージを伝えてくれ、後押しをしてくれたのもありがたかったです。ですから、「こうなるだろう」という心の準備は既にできていたのです。ただ個人的な好き嫌いのためではなく、宇宙に奉仕するという大義のためにやっているという意識でした。

ソウルメイトとの出会いには、あなたが出会う準備ができているのか、こんなふうに試されるかもしれません。

神戸空港に降りたち、ポートライナーで三宮駅に向かいました。11月の抜けるような青空をバックに、六甲の山並みがとてもきれいだったのをよく覚えています。私の心も、青い空と同じように澄んでいました。

葬儀の場で、初めてお母様と対面しました。ご家族とも会いました。葬儀のときにいきなり現れるなんて、とても怪しかったと思います。なのに、家族や親戚は私を心から迎え入れてくれました。それがなんともいえない安らぎに満ちていて、この感覚も自分の決断の正しさを証明してくれました。

前妻は悩んでいました。

不思議なことに、スピリチュアルに抵抗感のあった前妻に、スピリチュアルを理解する友人たちが出てきて、前妻をサポートしてくれるようになりました。「ああ、これなら大丈夫」と心強く思いました。

最終的には前妻が自分で決断して、別れることになったのです。

私も要望は受け入れ、争いませんでした。別れたあとも、前妻の暮らしが立ちゆくようにサポートもしました。

折り合いがついたある春の日、自宅で一人、桜の花が散るのを眺めていました。近くに大きな桜の木があって、風に吹かれてピンクの花びらが飛んでくるのが見えるのです。毎年、この時期に同じ光景を見ましたが、もう見ることはないんだと思いました。

私が家を出る前の日、最後の夕食を前妻が作ってくれました。ありがたかった。

大きな視点で見ると、別れは前妻にとってもギフトだったと私は信じています。前妻にはやるべき使命があるのに、行動するのに抵抗があったのです。風の便りで、前妻は自分の才能を使って、使命に向かっているところだと聞きました。

魂に従うことで、すべての人に調和がもたらされるのを信じ、願っています。

ソウルメイトは育てるもの

こうして、妻と新しい生活を始めました。魂が通じ合う人と暮らすのは、本当に楽しかった。夢のようです。

子どものころ、障子に穴を空けて心配しながら覗いていた両親のケンカ。愛を信じられず、非婚主義を唱えていたときの虚無感。それなのに誰かを求めてしまい、得られない悲しさ。仕事のうえでの失敗……そんな過去の傷が、妻と暮らすなかで、全部癒されていったのです。

自分の人生すべてに○をつけていいと、心から思えるようになりました。本当にありがたい、大きな心の変化です。

でも、こんな生活が楽しすぎて、私は使命に生きるのを先延ばしにしていました。

そのころに、妻は自分を癒すため、そして人を癒すため、さらにヒーリングを学び始めていました。

3月11日、東日本大震災が起こりました。人心は動揺していました。そこで、私は決心しました。「会社を辞し、スピリチュアルをお伝えしていこう」と。そこで、二人で一緒に仕事を始めることにしたのです。

ソウルメイトといっても、それがそのまま仕事でうまくいくとは限りません。私の場合も、二人は当初タイプが違ったので、二人でやると、互いのいいところが消えてしまうようなところがありました。

また、仕事のスタイルも違い、衝突も起こりました。プライベートでは仲はとてもいいのに、仕事になると衝突。そんな時期がありました。

しかし、そんなときでも、互いに手放して、仕事を続けました。

私は相手の過去のミスや失言を許さないところがありました。口論になったとき、そんなことを蒸し返したものです。しかし、妻に、

「もうそういうの、やめて。手放しましょう」

と言われ、虫のいい話だと思いました。

自室にこもって怒っていましたが、それを続けても仕方がない。

私は妻と関係を続けたかったのです。

そこで悩んだ末、過去を手放しました。

ソウルメイトの私たちでも、こんなことがあったのです。

でも、私たちの場合、互いに賢く、スキルがあり、魂レベルのつながりがあったので、「このままにしてはいけない」とすぐ気づきました。そして元に戻れた。その繰り返しだったようにも思います。

ソウルメイトだからといって、自動的にすべてがうまくいくわけでもありません。ソウルメイトは育てていくものなのです。

いえ、むしろスピリチュアルに興味を持ってソウルメイトにつながると、自分の問題点を鏡のように相手が見せてくれます。そのため、ソウルメイトの学びはきついと感じる方もいるでしょう。でも、それが魂の最速の学びの場です。

そして、私たちは二人で魂を磨きながら、多くの人の目覚めに貢献しています。

ソウルメイトに出会ってもいい、出会わなくてもいい

私は絶え間ない両親のケンカで結婚生活に希望が持てず、非婚主義を掲げていたことがあります。そんな私でしたが、徐々に学びを通じて、自分との関係を変え、目的を同じにするソウルメイトと出会い、幸せに宇宙に貢献しています。

本書でお伝えしたいのは、セルフ・パートナーシップを通じて成長することで、パートナーシップを進化させることができ、目覚めも早くなるということです。

しかし、「成長しなきゃ」「パートナーシップを進化させなきゃ」「ソウルメイトを見

つけなきゃ」では、これまでどおり、人生は苦しくなってしまうでしょう。ですから、

成長してもいいし、成長しなくてもいい。
パートナーシップを進化させてもいいし、進化させなくてもいい。
ソウルメイトと出会ってもいいし、出会わなくてもいい。
シングルでもいい。

と思ってくださるのがいいです。

あなたが何をしようが、あなたの価値は宇宙から見たら無限大です。なぜなら、あなたがいるから宇宙がある。あなたが月を見るから、月がある。あなた抜きには月は存在しない。これが量子力学の考え方です。

今、あなたに何が起こっていようが、「起こっていることはベスト」だと思ってください。一見つらいこと、悲しいこと、嫌なことにも、必ずそこにギフトがあります。「最悪の出来事が人生最大のギフト」というのは本当です。今、どんなに悪いことが起こっていると思えても、それはあなたをよくするために起こっていると信じてください。

「ソウルメイトに出会っても、出会わなくてもいい」と思ったうえで、ソウルメイトに新しく出会うというのであれば、本章で説明した方法が役立つはずです。

では、既にパートナーがいるけれど、そのパートナーとの関係をもっとうまくいかせたい、そのパートナーをソウルメイトにするにはどうしたらいいかを次章で考えてみましょう。

第6章

今の伴侶をソウルメイトにする

再びソウルメイトに戻るのは可能

本章では、既にパートナーがいるけれど、関係が今ひとつで、改善したいという方に向けてお伝えします。

もう一度ソウルメイトのような関係を取り戻すのです。

もちろん、あなたがパートナーと結婚しているのであれば、そのパートナーはソウルメイトです。それに疑いはありません。ですが、パートナーシップのスキルがないと、ソウルメイトでも心は離れてしまいます。それが現状ではないでしょうか。

ご安心ください。お二人が再びソウルメイトに戻りたいと思うのであれば、それは十分に可能です。

「今さら、ムリ」という方は、次のパートナーを探したほうがいいかもしれません。お金のためなどで我慢をしているのは、心のためにも、魂のためにもよくありません。

なお、「再びソウルメイトに戻りたい」というときの動機には注意してください。「一人だと寂しい」「お金が困るから」といった恐れや欠乏感からそう思っているなら、恐れや欠乏感が実現してしまい、トラブルが起こりがちです。

相手を尊重する愛の気持ちから、「再びソウルメイトに戻りたい」と思うなら、それは十分可能です。

愛は意識的な選択

愛は意識的な選択です。

好きや嫌いといった感情の話だけでは、愛は続きません。

恋愛したときに起こる高揚感は、恋愛ホルモンによるものです。この恋愛ホルモンは出会って3ヵ月目ぐらいから減少し始め、3年程度で分泌されなくなります。

ですから、互いに「相手が変わった」と思うのです。

このときどうするのか。

パートナーとの関係を続けていくには、日々、愛を選択していく必要があります。この「愛を選択していく」という考えがないと、簡単に相手の悪い点を指摘し始めて、非難合戦が始まり、関係が冷めてしまうのです。

ですから、まず、あなたの気持ちを確かめましょう。

「今のパートナーを愛していますか？」

「この先どうなるか不安」「この人しかいない」といった恐れや執着ではなく、「相手とつながり、同じ目的を追うために生まれた」といった愛の気持ちから相手を思うならOKです。

正直なところ、恐れや執着から「相手と一緒にいたい」と思う人もいるでしょう。そうであれば、恐れや執着を手放してください。恐れや執着で相手につながろうとすると、愛ではないので、相手にとって負担になります。それが相手を遠ざけてしまっている可能性があります。恐れや執着といった愛でないものは手放す。手放し方は172ページの方法が使えるでしょう。やってみてください。

なお、自分は相手を愛していてソウルメイトに戻りたいと思っているのに、相手はそう思っていない場合、大きな抵抗が予想されます。専門家やセラピストの手を借りるのもいいでしょう。

そもそも、もう相手とかかわりたくないという方もいるでしょう。しかし、自分に資力がない、子どものことを思って、などの理由で1の「同居人」を選択したい方もいるでしょう。そして、自分が家庭以外の楽しみを見つければいいと。もしお金が理由なら、食べなくては生きていけないので、そう思うのもムリはありません。でも、それは可能でしょうか。パートナーシップが冷えていたら、家庭では心から人生を楽しめません。それは家庭以外の関係にも現れてしまいます。恐れていたら、恐れを引き寄せてしまうのです。また、お子さんのためを思って、という理由なら、冷え切った関係を子どもの前で毎日見せるのは、逆効果です。子どもは、私のように結婚したくないと思うでしょう。

やはり答えは同じで、自分の本音や魂の叫びに従うしかないのです。あなたは本当はどうしたいのですか？　それをハートに尋ねてみてください。

違いを認める

さて、あなたが相手を愛していることが確認できたら、先に進みましょう。
二人の関係がぎくしゃくするにはいろいろな理由があります。
昔はソウルメイトと思えるほどだったのに、いつの間にかすれ違いが多くなった。

その理由をひと言で言えば、相手を「違う人」としてあなたが見ているからです。価値観が違う、稼ぎが違う、考え方が違う、好きな食べ物が違う、趣味が違う、コップの置き方が違う……。違うところを見始めていませんか？　恋愛の時期は、そんな違いさえ違いと思わず、すべてが新鮮でした。違いがあっても、二人はひとつだったのです。

「ひとつ」という感覚は愛の重要な要素です。

私たちは、元々はなんの区別もない全体でした。これをワンネスといいます。

恋愛しているとき、このワンネスを体験しているのです。だから、甘美なのです。

しかし、その時期は過ぎました。相手の違いが気になるようになったのです。

もしあなたが「こうでなくてはならない」というルールを持っているなら、さらに相手の違いが気になるでしょう。

「みんな違って、みんないい」。こんな言葉を知っていても、身近なパートナーの違いは、いつもそばにいるだけに、気になってしまうのです。

相手の違いを指摘し出したら、もう関係は悪くなる一方です。

もしあなたがこんな状態なら、一度立ち止まってください。

そして、「こうでなくてはならない」というルールをあなたが持っているなら、それが二人の関係改善に役立っているか、自分の心に尋ねてみてください。

役立っていないなら、「こうでなくてはならない」というルールをあなたは手放してください。ルールに従うと関係が悪くなるのであれば、ルールを疑ってください。そして、ルールに従うのではなく、愛を選択するのです。

愛は意識的な選択です。成り行きや感情に任せていたら、うまくいきません。選択肢のうち「関係を悪くするもの」を選ぶのか「よくするもの」を選ぶのか。冷静に考えて、「こっちだ」と選ぶのです。

愛を選択したら、違いを気にして指摘しなくてよくなります。ラクです。気持ちも平和です。

相手が決まり事を守らないと困る？　いいじゃないですか。たいしたことではありません。それより、二人の関係がソウルメイトであることのほうがはるかに大事だとは思いませんか？

違いを認めるのは、他人にはできても、パートナーとなると難しくなるものです。パートナーの違いを認めることができたら、あなたは愛です。「みんな違って、みんないいい」と心の底からそう思えるでしょう。

過去の感情を手放す

相手とソウルメイトのような関係に戻りたいと思う。だけど、これまで相手が自分にしたことを思うと、とてもじゃないけどそんな気持ちになれない、という方もいると思います。

「こんなことをした、あんなことを言った」と相手の失点を数え上げ始めると、過去の自分の感情が芋づる式にどんどん出てくることがあります。感情が感情を呼び、ネガティブな感情にのまれてしまう方もいるでしょう。

これが感情をコントロールできない状態です。この状態だと、相手を責める言葉しか浮かんでこないでしょう。そして非難合戦に発展します。これまで、そんな争いばかりだったと思います。

こんな方は、過去の感情を手放してください。172ページでお伝えした方法も使えますが、ここでは、別の方法をお伝えしてみます。ハートの愛でネガティブな感情を癒す方法です。

【ハートの愛でネガティブな感情を癒す】

1. イスに座って背筋を伸ばし、手は手の平を上向きにして膝の上に置きます。
2. 深呼吸を始めます。
3. 心が落ち着いたら、心臓のあたりに意識を持っていきます。
4. 深呼吸を続けます。心臓のあたりから息が出入りするのをイメージして感じます。
5. ハートでポジティブな感情を再生します。大切な人と一緒にいるときに感じる愛の気持ち、子どもを守ってあげたい優しい気持ち、重い荷物を持っている人を助けてあげたい気持ち、雄大な景色を見たときに起こる荘厳な気持ち、満天の星を眺めたときの神聖な気持ちなど、どんなポジティブな感情でもOKです。
6. 手放したい感情を感じてみます。それは身体のどこにあるかわかりますか？　お腹《なか》？　脚？　手？　腕？　頭？
7. 手放したい感情がある場所に、ハートからポジティブな感情を移動させてください。そして、ポジティブな感情で手放したい感情を包んであげてください。すると、感情が癒され、感情に変化が起こります。

8. もう十分癒すことができた、と思ったら、深呼吸をしてこちらに戻ります。

このハートの癒しは非常にパワフルです。感情の手放しにも使えますし、身体で調子の悪い部分を癒すのにも使えます。

こんな方法を使うことで、あなたが相手に関して感じた過去の感情を癒してください。そして過去に起こったことにこだわらないあなたに進化してください。こんなあなたになれれば、相手とソウルメイトの関係を取り戻すことができるでしょう。

あなたの親は、配偶者の悪口やグチを言っていたかもしれません。「あんなことをした、こんなことを言った。許せない」と言っていたかもしれません。そして、そのネガティブエネルギーで生きてきた人もいるでしょう。それで幸せかというと、そうではないですよね。

だから、あなたは親にならう必要はありません。

過去の記憶は、手放しの方法ですっきり手放して、新しい自分になる。それが幸せへの鍵です。

目的・ビジョンを共有する

パートナーシップ、そしてソウルメイトも、同じ目的やビジョンを共有することに特徴があります。

どんな目的でもいいと思います。お金を貯《た》めて海外旅行をする、家を買う、子どもを作る、新しいライフスタイルの実現……。今、あなたが相手とソウルメイトのような関係ではないというなら、目的・ビジョンを共有できているか、チェックしてください。できていないのではないでしょうか。

目的・ビジョンが共有できていないと、二人ともバラバラになってしまい、全然違う方向を向いて生きてしまいます。

「危機」も目的・ビジョンの共有につながります。ローン返済に困ったときなど、「頑張って返済しよう」という目的が共有できれば、それはそれで関係強化につながります。

人生に安心してしまい、目的やビジョンを共有しなくてもいいや、と思ったときに、二人の距離が開いていくように思います。そしていつの間にか、修復できないほど、二人が違う場所にいたりするのです。

そこで、ぜひ目的・ビジョンを共有するための時間をとってください。お子さんがいるなら、子どもを交えずに、二人だけで、これから先、どんなことをしたいか、話し合ってください。意外な相手の変化に気づいたりするものです。

目的・ビジョンの共有のうち、一番強いのは魂レベルの目的・ビジョンの共有です。なんのために生まれたのか。あなたなりに、そんなことにも思いをはせてみましょう。自分の使命やミッションがわかっている人は、もっと具体的にどう実現するかを語り合ってもいいです。魂レベルの目的・ビジョンは、多くの人に愛を伝えることかもしれません。宇宙のメッセージを下ろして伝えることかもしれません。ただただ、家族を愛することかもしれません。魂レベルで目的・ビジョンを共有できたら、もう二人は立派なソウルメイトです。

魂レベルでの目的・ビジョン、使命については、210ページに出てくる「『人生の目的』を思い出す」も参照してください。

愛は意識的な選択です。目的・ビジョンの共有を意識的に行うのも、その表れです。

感謝とリスペクト

パートナーシップは鏡です。

あなたが相手にしていることを、相手もあなたにやるのです。相手がつっけんどんで、何か物足りないとき、あなたのコミュニケーションがつっけんどんではないか、チェックしてみてください。相手が愛を表現してくれない、というとき、あなたが愛を表現していないかどうか、チェックしてみてください。

仕事が終わって、疲れたあなた。自宅に帰ったら、優しい言葉が欲しいのに、相手があなたに文句を言ってくる。ケンカ腰の話し方をする。あなたのあら探しをする。こんなとき、あなたも潜在的に同じようなことをしていないか、注意してみてください。

相手は、あなたに「存在を認められていない」と思っているのかもしれません。もしそうなら、相手に感謝を示してください。

「お金を稼いでくれてありがとう」（金額に関係なく）

「毎日ゴミを捨ててくれてありがとう。助かる」

「おいしい料理を作ってくれてありがとう」

当たり前のことですが、感謝の言葉を言ってください。

「あれしろ、これしろ」ばかり言っていて、「ありがとう」と言っていますか？

「ちゃんと気づいているよ」と、言葉で示してあげてください。

3の「スピリチュアル・パートナーシップ」を実現すると、感謝はリスペクトに高まります。スピリチュアル・パートナーシップでは互いに自立しているので、相手は相手のやり方で動いていますが、それが二人の共有した目的のためになるのです。もう互いにちゃちゃを入れることもありません。そして、すべてがうまく回っている感覚です。こんなとき、互いに相手の考えや行動を尊重しています。これがリスペクトです。

私と妻のパートナーシップは、「互いにリスペクトしているね」とよく言われます。

私はこうして情報をお伝えし（ティーチング）、妻は癒します（ヒーリング）。アプローチは違いますが、やっていることは非常に似通っていて、ほとんど違いがありません。こんなとき、自分の仕事を尊重するように、相手の仕事も尊重できます。リスペクトするのは、私たちにとって、とても自然なことです。

あなたもソウルメイトを取り戻すために、感謝、リスペクトを忘れないでください。

ラブラブな時期を思い出す

今は穏やかだとしても、あなたはパートナーとラブラブだった時期があるはずです。そのときのことを思い出してみましょう。

想像しているとき、脳にとっては今、それを体験していることになります。ホルモンも放出されているのです。

もう一度それを体験して、心に炎を灯してみましょう。

・パートナーに関して一番ハッピーな記憶はどんなことですか？　それを思い出してみましょう。

・初めて手を触れたとき、どんな気持ちがしましたか。

・初めてキスしたとき、どんな感じでしたか。どんな気持ちがしましたか。

・「この人だ」と思ったのはどんな瞬間でしたか。

もし、あなたに抵抗感が生まれているなら、それはなぜでしょうか。

ラブラブな時期と現状が違うからでしょうか。

「今さら」「どうせダメ」「相手はそう思わない」という気持ちでしょうか。

いずれの場合でも、抵抗感の基になっている感情を、前にお伝えした方法で手放してください。そして、ラブラブな時期を思い出してください。

「人生の目的」を思い出す

あなたとパートナーが出会ったのは偶然ではありません。何かを学ぶために出会い、パートナーシップを結んだのです。

あなたは生まれる前に「人生の計画」を立て、その一環として出会い、パートナーシップを結ぶよう、あなたが設定したのです。

こんな質問に答えて、「人生の目的」を思い出してください。

・魂としての二人に共通することはなんだと思いますか？

・あなたはパートナーシップを結んで何かを学んでいます。二人の間によく起こる課題、魂の成長のために二人でいることのメリット、二人だからできること・興味があることなどを参考に、二人は魂として何を学んでいると思いますか？

・互いの家族から、魂としてどんな影響や学びを受け取ったと思いますか？

・この特定のタイミングで、この相手だからこそ学べることはなんだと思いますか？

・どんな目的を持って二人はパートナーシップを結んだと思いますか？

以上の質問に魂で答えてください。頭ではなく、感情や直観も使ってください。難しく考える必要はありません。ゲーム感覚で、こんなところかな、というので十分です。「人生の目的」がおぼろげながらでもわかったら、学びや目的に照らして、パートナーとの現状はどうでしょうか。このままでいいでしょうか。それともソウルメイトとして再建する必要があるでしょうか。

可能であれば、「人生の目的」について、パートナーと話し合ってみてください。有益な洞察が得られるかもしれません。また、魂のつながりがさらに強くなるでしょう。

ちなみに、私たちの場合、人生の目的は「引き寄せの法則と癒しを通して、愛を伝える。日本にとどまらず、東洋と西洋をつないでそれを行い、人類と地球の波動の向上に奉仕する」ということだと思っています。

なぜこんなことがわかるのかは、魂に従って生き、活動していれば、いろいろな機会を通じて知るようになるのです。自己探求だったり、ワークだったり、さまざまな情報だったり、論理的推察だったりします。

まずは魂に興味を持つことです。本書を読んでいるあなたには、魂の設定を知る十分な資格があります。

相手がソウルメイトに戻るのを望んでいないときは？

二人がソウルメイトに戻る一番確実な状況は、二人がソウルメイトに戻りたいと思っているときです。このときは、ソウルメイトに戻る方法がわからないだけなので、ここでお伝えしたことをやってみればいいのです。

互いに「もうどうでもいい」という場合は、本書は読んでいないでしょう。問題なのは、どちらか一方がソウルメイトに戻りたいと思っているのに、他方がその気がないケースです。実際はこのケースが多いのかもしれません。

「その気がない」といってもいろいろです。

①ソウルメイトであることはわかっているけれど、すれ違いなどから相手に対してなんらかの抵抗感があり、素直でない状態。

②そもそも相手にソウルメイトという意識がない状態。

③関係が終わりに近づいているのに、一方が執着しているケース（復縁願望に近いもの）。

いずれのケースも、言葉で「ソウルメイトに戻りましょう」などと言っても、うなずいてはくれないでしょう。むしろ逆効果になって相手がかたくなになるだけです。

相手がどう思うかとは関係なく、あなたたちがパートナーシップを結んでいるなら、あなたと相手はソウルメイトです。偶然にパートナーになったわけではありません。

◎感情を手放す

ソウルメイトなのですから、魂レベルの働きかけを行うことをお勧めします。

そのためには、まず、自分のなかにある「魂とは異なる見方」を手放してください。

魂の見方は、無条件の愛です。失敗も成功もないし、罪も罰もない。魂が行っているのは学びです。学びを行っているあなたをジャッジせず、微笑みながら見ているのが魂です。何が起ころうと、すべてはうまくいっているし、ＯＫだと魂はわかっています。

あなたのなかに今、どんな思考と感情があるでしょうか?
「これではいけない」「なんとかしないと」「相手の心を取り戻したい」「大変なことになるかも」「どうして相手の心が離れたのかわからない」「相手さえ今までどおりなら、平穏無事だったのに」「もうどうしようもない」「きっと戻ってくるはず」などの、心配、不安、恐れ、怒り、諦め、期待感といった感情を手放して、心をクリアにしましょう。

手放しの方法は、本書で紹介したハートから抜き取る方法やハートのエネルギーで癒す方法を使ってみてください。

そして可能な限りでいいので、心のなかから相手に関する感情をなくしてください。心のなかから感情をなくしてあなたがクリアになったとき、ベストなことが起こります。自分でなんとかしようとせず、魂に任せるのです。

もし、インスピレーションが入ってきて、「○○さんに電話したほうがいい」「××を調べては」などが思い浮かんだら、それをやってみます。成功、失敗はありません。ただ、心の声に従います。

◎魂の見方をとる

次に、あなたも魂の見方をとります。先にも述べたように、魂の見方は無条件の愛です。失敗も後悔も怒りもありません。今起こっていることが「人生の計画」の一部だと思ってみてください。起こるべくして起こっているのです。

前の節で考えていただいた「人生の目的」を思い出してください。

そして、こんな質問をしてみてください。

・どんな学びを行うために、二人はパートナーシップを結んだのでしょうか。

・その学びは終わったのでしょうか。それとも引き続き学びを行う必要があるのでしょうか。

・関係を解消する魂的な理由はあるでしょうか。

これを頭ではなく、ハートで、魂で答えてみてください。深呼吸をして心を落ち着け、自分の一番深いところから浮かんでくる答えを受け取ってください。

期待感や不安、心配などの感情が出てきたら、手放してください。それは魂とは異質な感情ですから。

◎ブルーの光で覆う

何が起ころうと、あなたたちは魂レベルでつながっています（すべての魂はつながっています）。「相手をどうにかしたい」といったコントロールの欲求や感情を手放せば、魂で交流することが可能です。

もし相手がなんらかの理由ですねている場合、魂レベルで愛を送るのが有効です。こんなふうにしてみてください。

【魂レベルで愛を送る】

1. イスに座って背筋を伸ばし、手は手の平を上にして膝の上に置きます。
2. 深呼吸をします。
3. 心が落ち着いて深いところに入ることができたら、あなたと相手が魂でつながっているのをイメージしてみてください。海の水が遠く離れた島をつないでいるイメージでもいいですし、二つのオーラが伸びて交じり合っているイメージでもいいです。
光が溶け合っているイメージでもいいです。

4. 期待感や執着、コントロールしたい気持ちからではなく、純粋な愛の気持ちから、相手をブルーの光で包んであげてください。形は卵形がいいです。

5. そして純粋に愛を送ります。「愛しています」という言葉ではなく、優しい気持ち、自由にしてあげる気持ち、尊重する気持ち、大丈夫といった気持ち、許しの気持ちを送ってあげてください。

6. 相手の魂に十分愛が伝わったと思ったら、終了します。

7. 執着やコントロール、必死な気持ちからでなければ、何度やってもかまいません。

あとは、期待や執着をせず、手放しを行い、インスピレーションに従い、今目の前にあってやるべきことを心を込めてやります。相手のことは宇宙に委ねます。宇宙が問題を高い視点から解決してくれることを信頼してください。

あなたには「こうなったらいいな」「こうなるべき」といった期待や恐れの裏返しが頭のなかにあるかもしれません。しかし、それが実現するとは限りません。

何が起こるかは宇宙に任せてください。起こってくることを受け入れてください。何が起ころうと、それが魂の学びにとってはベストな解決を宇宙がプレゼントしていることに気づいてください。いえ、気づかなくても、大丈夫。あとになってきっとわかると思いますよ。

あなたが変われば相手も変わる

本書では「自分を変えることが人生を変える」という立場です。なぜなら他人は変えることができないので、他人に変わることを期待しても、それは裏切られるからです。そして、「相手が変わらない」と相手を責めることになります。「相手を変えよう」として、うまくいかずネガティブな感情を持つ方が本当に多いです。

「手放せ、手放せ」と本書はアドバイスするので、「なぜ私だけが?」という被害者意識を持つ方もいると思います。本書を読んでいるのは、あなたです。ですから、本書が変えることができるのはあなただけだからです。

また、もう少し深い意味もあります。

今あなたが経験している出来事は、偶然起こっているのではありません。実は、あなたが作っているのです。あなたの見方が、その現実を作っています。

例えば、あなたが周りの人に大切にされないとしましょう。なぜそうなるのでしょうか？　それはあなたが「私は大切にされない」と心の深いところ（潜在意識）で思っているからです。「私は大切にされない」と思っていたら、それは「大切にされない人の行動」として現れます。エネルギーも「大切にされない人」のエネルギーになっています。そのため、あなたは相手から「大切にしない行動」を引き出してしまうのです。

こんなとき、相手は普通の人で悪意はありません。ほかの人には朗《ほが》らかに対応したりしています。なのに、あなただけを大切にしないのです。

それはあなたが「私は大切にされない」というエネルギーを出しているから、それを相手から引き出してしまうのです。

相手に注意しても、またその人はあなたを大切にしないでしょう。なぜなら、あなたがその原因を作っていて、それを変えていないからです。

手放しは、「本当は○○したいんだけど、それだと仲が悪くなるから」自分の本心を抑えるのとは違います。妥協でも諦めでもないのです。

手放すべきものを持ったままだと、問題が解決しないし、愛を経験できないので、意識的にその考えや感情を捨てる選択をとるのです。

実際にはもっと面白いことが起こります。

自分を変えると、相手も変わるのです。

相手がいつも自分に批判的で嫌だとしましょう。そんなときは、あなたも怒っているはずです。ここであなたの「怒り」を手放すと、あなたから硬さが取れます。すると、相手の厳しさがとれて、優しくなってきます。相手が批判的なのは、あなたが怒っているからなのです。

不思議に思うかもしれませんが、実際に手放してみると、そんなことをよく体験します。

パートナーシップをいい方向へ向けるには、あなたを変えることが最重要なのです。以上のような意味で、あなたの思考、物の見方、感情などを変えることができたら、相手も変わる可能性が高いのです。

相手を変えようとしてもうまくいきませんが、自分を変えたら、相手も変わり、元のソウルメイトに戻れた。そんな体験をぜひしていただきたいと思っています。

本書でお伝えしたやり方を試してみれば、それは十分可能だと私は確信しています。

第7章

親子の傷を癒し統合する

なぜ同じような人と出会うのか?

あなたはこれまで、同じようなタイプの人に惹かれた経験はありませんか?

愛は魂の共鳴なので、同じようなタイプの人に惹かれることは十分あるし、それが自然だと思います。

ところが、惹かれる人が問題のある人……というなら話は別で、あなたも困っているのではないでしょうか。

もちろん、あなたは顕在意識ではそんな人と出会いたくないし、パートナーシップを結びたくない。なのに、いざ「この人だ」と思ってパートナーシップを結んでみると、相手の意外な側面が出てきて、驚いてしまう。

これではいけない、と別れても、次に出会う人も同じような傾向を持っている。

そんなことはありませんか。

いろいろなパターンがあると思います。出会う相手が、時間にルーズ、浪費癖がある、暴力的、嫉妬深い、ストーカー気質など、問題行動を持っているなら、もうこりごりと思うでしょう。

でもまた出会ってしまう。

もしあなたがこんな経験をしているなら、とてもお困りだと思います。

なぜ、望まない人と出会い続けてしまうのでしょうか？

シンプルに説明するなら、「あなたのなかにその人と共鳴する波動があるから」ということができます。

「そんなことはない。そんな人と出会いたいと望んだりしていない」と思うかもしれませんが、望んでいるかどうかに関係なく、波動が共鳴することはあるのです。

そのため、心のなかを見て、共鳴する波動を探り、それを手放すことで特定のパターンから自由になれるのです。

「人生の計画」で設定する「最初の痛み」

魂から説明する方法もあります。

私たちは生まれる前に「人生の計画」を行います。そのとき、「最初の痛み」を設定しているのです。

「最初の痛み」は、人生の方向を決めてしまうような心の傷のことで、通常、子ども時代に起こります。

魂が肉体を持ち母親のお腹から子どもとして生まれるとき、子どもはどんな愛を体験するのか、これから起こる冒険を思ってワクワクしています。ところが、あるとき、意外な事実を発見します。ありのままの自分でいると「それではいけない」と言われ、叱られたり、罰を与えられたりするのです。

あるいは、家族の設定そのものに「最初の痛み」が存在することもあります。

私であれば、両親の不仲が「最初の痛み」です。毎晩繰り返される両親のケンカが気になって、指につばをつけて障子に穴を空けて覗いていたことが一番古い記憶なのですが、これは本書の冒頭に書いたとおりです。この「最初の痛み」のため、「家族とは」「愛とは」が私の大きな人生のテーマになったのです。

「最初の痛み」は、家族の設定に関するものが多いようです。

「親があなたを認めてくれない、否定ばかりする」「親が約束を破る」「厳しい○○家のルールを押しつけてくる」のも、「最初の痛み」の設定です。ほかにもさまざまな「最初の痛み」の設定があります。

こういった「最初の痛み」の設定のため、子どもはネガティブな感情を持ちます。「最初の痛み」を持つと、人生にいろいろな悪影響が起こります。

「自分には価値がない」「無力だ」「愛されない」と思い込んだり、常に不安を感じていたり、「大切な人は去って行く」と思ったり、完璧主義者になったり、自分にダメ出しをいつもしていたり、他人の目が極端に気になったり、逆に自分のネガティブな部分をまったく見ないでポジティブを装ったり。その結果、人生でいろいろな問題を作ってしまいます。

このため、「最初の痛み」を癒し、解放することが、人生の大きなテーマなのです。「最初の痛み」のために、「人生の計画」で念頭に置いていた学びに向かうようにあなたの人生は設定されているのです。

人生での学びもまたさまざまで、「自分のパワーを思い出す」ことだったり、「無条件の愛」だったり、「自立」だったり、「責任」だったり、「勇気」だったりします。親があなたを認めてくれない、否定ばかりするというのは、そのため自分が無価値だと思うのではなく、「自分の本当の価値を思い出し、自分を愛する」という学びを行うための設定かもしれないのです。

以上のように、「人生の計画」では、「最初の痛み」を設定してネガティブな感情を体験し、その感情を自分で癒して、それとは正反対のポジティブな感情を体験するのが基本のやり方です。「人生の計画」のすべてがこれだとはいいませんが、多くのものがこんな設定になっています。

スピリチュアルでは「すべては完璧」とよくいいますが、このように魂の視点で見ると、否定をしてくる鬼のような両親も、いい仕事をしていることになります。

あなたの人生で「最初の痛み」はどんなものでしたか？

そして「最初の痛み」のために、あなたはどの方向に向かっていると思いますか？

こんなことを考えてみると、自分の魂や「人生の目的」を知るうえでとても役立ちます。

嫌いな親に似た人を引き寄せる？

「人生の計画」で「最初の痛み」を作ったら、計画だとはいえ、ネガティブな気持ちになります。そこに家族がからんでいたら、家族から離れたくなります。家族を否定したりします。自分を否定したりします。なかったことにしようとして、記憶を失ったりします。

年を重ねて、一見何事もなかったかのように生きていますが、心はそうではありません。

「最初の痛み」を癒したいと思っているのです。

そこで、自分の癒されていない部分がクローズアップされざるを得ない人とパートナーシップを結ぶことがよくあります。

相手のしたこと・言ったことに、あなたが極度に反応してしまうことはありませんか？　目の前の相手が初めてしたことや言ったことなら、あなたに感情が起こるとしても15分から30分程度で消えていくものです。その感情が30分を越えても存在するとき、あなたにとって相手だけではなく、過去の出来事と相手が重なり合っていることが多いのです。相手に対して反応しているのではなく、別の人に反応しているのです。そのとき、一番多いのは両親です。両親の嫌なところが相手のなかに垣間見えて、極度に反応してしまうのです。

ここで、ご両親の「嫌いな部分」や「受け入れられない性質」を書き出してみてください。

あなたは嫌いなはずの親に似た人とパートナーシップを結んでいたりしませんか？全員がそうだとはいえませんが、心当たりがある方も多いと思います。

例えば、親があなたを愛してくれず、否定ばかりしていた。それは小さなあなたにとってはショックな出来事でした。心に「最初の痛み」ができたのです。この親との「最初の痛み」を癒すために、深いところで親と似た人をパートナーとして選び、愛し愛されようとしたりします。パートナーの愛を獲得することで、親から満たされなかった気持ちを癒そうとしているのです。

ところが、パートナーシップを結ぶ相手は、親と似た人なので、簡単にはあなたを愛して癒しを与えてはくれません。「最初の痛み」をあなたがうまく癒すことができるかもしれませんし、そうでないかもしれません。

「最初の痛み」を癒せないと、心は同じ働きをして、また親と似たような人を選んで、「最初の痛み」を癒そうとします。

毎回同じような人、しかも嫌いなタイプ、問題のあるタイプを選んでしまう方は、こんなことをやっているのかもしれません。

親を許すものかと思っている方へ

私の場合、「最初の痛み」を作る役割だったのは両親です。私は10代のころは生きづらかったのですが、両親に対する感情が癒され、自分の内側で統合されるに従って、人生はラクになる方向に動いていています。

しかし、「人生の計画」「魂の設定」「最初の痛み」といった言葉を聞いて、「ああ、そうだったのか」と納得できた方もいるでしょうし、急には受け入れられない方もいるでしょう。

「親はあんなひどいことをした。許せない。謝れ」……そういう方もいるでしょう。

生き方には、基本的に二通りあります。

一つには、相手を変えようとする生き方。

もう一つには、自分を変えようとする生き方。

相手を変えようとしたり、コントロールしようとしたりしても、それはうまくいきません。自分が苦しくなったり、さらに怒りを募らせたりするだけです。

過去、親が子どものあなたに、知らず知らずのうちに、何かをしたのかもしれません。しかし、それをどう受け取るかは、個人の自由であり責任であるとスピリチュアルでは考えます。同じ出来事があっても、根に持つ人もいれば、けろっとしている人もいる。どう反応するかは、その人次第なのです。

感情はあなたのものであり、あなたの責任です。誰もあなたの頭を開けて、感情を強制することはできません。

だから、自分の感情を自分でコントロールする技術を身につけるのです。本書で感情を手放すよう勧めているのは、このためです。

自分の考え方や受け取り方を変えれば、感情は変わります。

「自分を変える」のは、諦めているわけでも、下手に出ているのでもありません。

幸せにつながる唯一可能な生き方が、「自分を変える」生き方だからです。

パートナーシップには愛が必要

自分の感情を相手のせいにしたり、相手に要求したりするのは、普通に見られますが、実は幸せのためには間違った考え方です。パートナーシップでも相手のせいにして、責めたり、罪悪感を持たせたり、要求したりすれば、簡単にパートナーシップが愛ではなくなるのはおわかりでしょう。

ですから、自分の感情は相手のせいにしない。自分で引き受け、「自分の感情は自分の責任」と考えるのです。そして、感情を癒したり手放したりする技術を習得して、自分で自分の感情をコントロールするのです。自分の感情を自分で決めたり、癒したりできれば、誰のせいにもしなくていい。とても自由だし、楽しいし、人生に希望が持てます。

相手には可能な限り、愛でいく。3の「スピリチュアル・パートナーシップ」という自立した二人になるためにも、「自分の感情は自分の責任」「自分を変える」という生き方でいてください。

なお、精神的・肉体的に虐待されているときは、話は別です。「この感情は自分の責任だから」などと、その場にとどまらず、すぐにその場を去ってください。

「最初の痛み」を癒すとどうなる？

あなたの人生での「最初の痛み」。これがあなたの「人生の目的」を発動させるポイントなのでした。

これを今癒すとどうなるでしょうか。

過去の痛みから自由になれ、今に集中できます。今生きている実感を持てるでしょう。「誰かに認められたい」などと思って、頑張ったり、焦ったりする必要がなくなります。

自分に関して過不足がなく、いつも「自分であっていい」と思えます。

自分のなかにあったシャドウの部分が癒されOKになるので、自分に裏表がなくなります。同時に自分が丸ごとOKになるので、エネルギーが増えた感覚を持つでしょう。

また、自分も根本につまりがなくなるので、エネルギーをストレートに表現できるようになり、愛やお金の流れがよくなってきます。この意味で、人生が変わった感覚を持てます。

そして究極的には、この人生で実現しようとしていた「人生の目的」を達することになるでしょう。

そしてすべては愛だとわかるでしょう。

愛に目覚めたあなたに進化するのです。

「最初の痛み」を明確にする

では、実際にあなたの「最初の痛み」を癒していきましょう。

まず、あなたの「最初の痛み」を明確にしましょう。

もう既にわかっている人はいいのですが、昔の記憶がない、記憶にモヤがかかったようになっている方もいると思います。

そんなときは、以下の方法を試してみてください。

【明るいチューブで過去を思い出す】

1. イスに座って背筋を伸ばし、手は手の平を上にして膝の上に置きます。

2. 深呼吸をして心を落ち着けます。

3. 準備ができたら始めます。イメージしてください。あなたの目の前には大きな白いチューブがあります。このチューブのなかに入っていきましょう。

4. チューブのなかは明るく安全です。さあ、チューブのなかを歩いていきましょう。

5. 少し進むと、チューブの内壁に10年前の出来事が映画のように映し出されます。どんな出来事がありますか？

6. また少し進みます。すると、今度は20年前の出来事が映し出されます。どんな出来事でしょうか？

7. これを続けていくと、20歳、10歳、5歳のときの出来事が映し出されます。10歳のときにはどんなことがありましたか？　5歳のときはどんなことがありましたか？

8. もう少し先に進みましょう。すると、昔の出来事がチューブの内壁に投影されます。

9. 楽しいこともあったし、つらいこともあったと思います。さて、あなたが最初に体験したショックな出来事、ネガティブな出来事、驚くような出来事はなんでしょうか？　そして、それがあなたの人生を決めてしまったのです。あなたの場合はどんなことでしょうか？　そのときどんな感情を感じましたか？

10. それがわかったら、深呼吸をしてこちら側に戻ってきましょう。

あなたの潜在意識は、あなたが経験したこと、感じたことをすべて覚えています。記憶がない気がする、モヤがかかったようになっているというのは、あなたが思い出したくないだけのこともあるのです。

このイメージワークを行うことで、潜在意識から忘れていた記憶が蘇《よみがえ》って、驚くかもしれません。

では、あなたの人生の方向を決めてしまった「最初の痛み」はどんなものでしょうか。可能な限り、その感情を明確にしてください。

「最初の痛み」を癒す

あなたの「最初の痛み」は、感情です。感情ですから、本書でお伝えしたハートから抜く手放しの方法やハートの愛で癒す方法を使って、癒し、手放すことができます。

「そんな人生の一大事が手放せるはずはない」と思うのは思い込みです。

感情を手放すと、「最初の痛み」にこだわらない状態になります。つまりは、「最初の痛み」が無効化されるのです。

ただし、過去の「嫌なもの」だから手放すのではないことにご注意ください。むしろ、そのエネルギーを自分のものとして受け入れる感覚です。これまで見ていなかったものを自分に統合する、といってもいいです。ですから、受け入れる感覚、歓迎する感覚で手放しを行ってください。

また、「最初の痛み」を癒すために、次のようなイメージワークをするのもお勧めです。


【怖い映画】

1. イスに座って背筋を伸ばし、手は手の平を上にして膝の上に置きます。
2. あなたのペースで深呼吸を始めてください。
3. あなたの「最初の痛み」を感じた場面を思い出してください。はっきり場面を思い出せない人は、あなたが想像する場面でけっこうです。その場面をあなたは自分の目で見ています。

4. あなたは今、映画館にいると思ってください。映画館にいて、過去の怖い場面、悲しい場面、ショッキングな場面を映画として見ています。それは映画のなかのワンシーンだったのです。確かに三次元でとてもリアルでしたが、でも実はそれは映画のワンシーンです。

5. その映画を体験したとき、あなたは子どもでした。子どもだったので、現実と映画の世界を区別できなかったのです。でも、確かにあなたは、怖い思いをしたり、悲しい思いをしたりしたのです。

6. そんな小さなあなたに大人になった今のあなたが言ってあげてください。「怖かったね」「悲しかったね」。そして抱きしめてあげてください。

7. 子どものあなたはその感情を受け入れます。「あれは映画だったけど、本当に怖かった」「本当に悲しかった」などと、「最初の痛み」の感情を隠さず、しっかり持ってみてください。

8. では、その映画のワンシーンをあなたのハートのなかに入れましょう。あなたのハートには愛があります。あなたのハートの愛を活性化してください。大切な人といるときの幸福感、幼い子どもを守ってあげたい気持ち、大変そうにしている人をケアしてあげたい気持ち、親切にしてあげたい気持ち、満天の星の下での神々しい気持ちなどを思い返してください。これが愛の感情です。ハートの愛で、映画のワンシーンを包んであげてください。そしてその映画が愛で溶けていくのを感じてください。少し時間がかかるかもしれませんが、できたなと思うまでやってみます。

9. 今度は、新しい映画を作りましょう。あなたは本当はどんな映画のシーンを見たかったのでしょうか。それをイメージしてみてください。そしてそれが実際に映画館で上映されているのを、あなたも見てみましょう。

10. それを見て、あなたは安心して笑顔になっています。あなたの「最初の痛み」は映画のワンシーンで、もうありません。別の映画になったのです。あなたの過去が変わるとき、あなたの現在、未来も変わります。もう愛で苦しんだり、悩んだりする必要はないのです。

これはイメージワークですが、非常にパワフルです。なぜなら、本質的な話になっているからです。

こういうワークをやっているとき、「過去に起こったことは映画のワンシーンではない。あれは本当の現実なんだ」といったことを思う方もいるかもしれません。

しかし、スピリチュアルには「現実はスクリーンに映った映画だ」という見方があります。現実は客観的なものではなく、一種の幻、バーチャルリアリティ、シミュレーションだというのです。

「人生の計画」の考え方も、これに非常に似ています。人生はあらかじめ設定が決まった舞台のうえで行われる「学びの場」という考え方です。

この考え方に納得できる方も、そうでない方もいるでしょう。どうぞ引き続き探求を続けてください。

以上のようなワークで「最初の痛み」を自分で癒して、そこから自由になり、わだかまりを統合するやり方もあるのです。

私のように、ソウルメイトが統合を手伝ってくれることもあるでしょう。

焦らなくてもいいです。

親子の学びは一番ハードです。一筋縄ではいきません。この人生すべてを使って、癒し、統合できれば上出来だと思っていいのです。

第8章

愛と真実に目覚め、次元上昇する

再び融合して「再結合」へ

本書では、2の「相互依存」のパートナーシップから始めて、セルフ・パートナーシップを磨くことで個としてエネルギー的に自立し、3の「スピリチュアル・パートナーシップ」への進化を語りました。このとき出会う可能性が高いのが、ソウルメイトです。

ソウルメイトに出会うと、スピリチュアルな学びが加速します。進化するために不要な考え方、感情、ビリーフ（信念、観念）がどんどん手放されます。波動的には互いにさらに高くなっていきます。

「スピリチュアル・パートナーシップ」の特徴は、エネルギー的に自立していることです。そのため、相手に影響されたり、相手を支配・コントロールしようとしたりすることはありません。相手に成長の機会と自由を与え、ともにインスピレーションを分け合うのが、3の「スピリチュアル・パートナーシップ」です。

こんなパートナーシップが本当に実在するのです。

私は、3の「スピリチュアル・パートナーシップ」がパートナーシップの完成形だと思っていました。理論的には、波動が高くかつ依存というパートナーシップが考えられますが、その状態がリアルに想像できなかったのです。

それが、4の「再結合」のパートナーシップです（95ページの図参照）。「再結合」は、波動は高いですが、「依存」する関係です。正確には、依存というのは適切ではありません。「再融合」や「再結合」というのが近いように思います。

3の「スピリチュアル・パートナーシップ」は、セルフ・パートナーシップをマスターした個人が、エネルギー的に自立した状態で作り上げる関係です。ですから、互いに依存せず、互いのやるべきことをやっていく関係。そして、互いの成長のためにサポートし合う関係です。

そんな私たちでしたが、私たちのパートナーシップが進化するタイミングが来たのです。

最初の本の出版に合わせて、私はプロモーションを行うことにしました。そのプロモーションは、手配に手間がかかるため、一人では力が足りません。自立にこだわってしまうと、それを一人でやろうとして、大変なことになったかもしれません。ところが今回は、妻が要《かなめ》となる役割を買って出てくれました。3の「スピリチュアル・パートナーシップ」では、自立がポイントなので、私にとってはそれに反する申し出です。実は少し悩みました。でも、受け入れるしかないと思いました。ところが、これがきっかけで、4の「再結合」に移行できたのです。

「プロモーションの成功」という共通の目標を持つと、妻がアイデアを出し始めました。出張シェフを利用したホームパーティー、ショーアップされた出版記念講演会、実際の運営……妻も楽しんでやっていたと思います。そのほかにも、SNSでの情報発信など、私以上にやってくれた印象さえあります。

そのおかげで、とてもいい結果を出すことができました。「妻がいなかったら、今回のプロモーションはここまでできなかった」と、言葉にしてSNSに投稿し、妻の尽力を称えました。お世辞ではなく、本当の気持ちです。

ここでは「妻」という言葉で表現しましたが、本当は「魂の同志」というのが適切な言葉に思えます。単に夫/妻という役割ではない、魂の同志としての私たち。その結びつきがさらに強くなったのです。

相手に弱みを見せる

４の「再結合」への移行のポイントは、「相手に自分の弱みを見せる」「相手に甘える」ということだと思います。

「そんなことか」と思われるかもしれませんが、実はこれ、とても難しいことなのです。パートナーに、弱みは見せたくないものです。相手に甘えるのも、３の「スピリチュアル・パートナーシップ」ではやりにくいのです。

でも、それをあえてやった。それがとてもよかったのです。

一人ではできないことを二人でやることで、できることの範囲が広がりました。また、同じ目的を共有することで、二人の関係もさらによくなりました。より深く、強い結びつきとなったのです。

「甘える」といっても、波動が低いとき、それは依存になりがちです。波動を高めて、依存を脱して自立していると、甘えることはやりにくい。だからこそ「甘える」ことに意味が出てくるのです。

弱みを見せたり、甘えたりすることで、ソウルメイトの関係を残しながら、3の「スピリチュアル・パートナーシップ」よりもさらに二人がパワーアップした感覚です。4の「再結合」と3の「スピリチュアル・パートナーシップ」の違いは、行動よりも、二人のエネルギーの違いです。二人の間のつながり方の深まり、二人の間に漂うスムーズな感覚。それが大きな違いです。

こんな状態になって、さらに私たちのパートナーシップに注目する方が増えたように思えます。

女性性を発揮するとお金が回る

本書ではこれまで「自立」をお伝えしているので、「自立」に目が向いていると思います。

「自立」に向かうとき、男性も女性も男性性を使うことになります。自分一人で何かを始めたり、リーダーシップをとったりするのは男性性の領域です。これはこれで、とても大事です。

しかし、男性性が行きすぎてしまうと、周りを見ずに自分の思いだけで突っ走ってしまったり、支配的になったりすることがあります。仕事だったら同僚や上司、部下との間で軋轢《あつれき》が生まれたり、家庭を顧みず、家庭が崩壊したりします。

こんなときは、男性も女性も女性性を発揮するのがお勧めです。

「甘える」「弱みを見せる」「シェアする」といったことは、女性性の領域です。私は女性性を発揮することで、パートナーとの関係をさらにスムーズに、さらに深いつながりにできました。

特にリーダーの地位に就いている方は男性性を使っているので、女性性を発揮すると、組織がうまく回ります。メンバーに対するきめ細かな配慮やケアができると、メンバーのモチベーションがアップするのです。

結果として、お金や豊かさが循環してきます。

本書で「男性性と女性性のバランスをとる」といっていますが、それはお題目ではなく、実際に目に見える違いを生み出します。それだけ、「男性性と女性性のバランス」は大事だということです。

なお、女性に女性性を使うよう勧めることに違和感を覚える方がいるかもしれません。

「女性」という生物学的な「性」と、エネルギーとしての「女性性」は別物です。女性の社会進出が当たり前になった昨今、女性も男性と同等の働きを求められます。組織は多くが男性性の原理で動いているので、女性も組織のなかでは男性性を使っているのです。特に、女性のリーダーは組織内で男性性を使っているはず。家に帰っても、仕事の延長で男性性優位になりがちです。そんな方は特に、家庭では女性性を使うよう心がけてください。女性性は「女らしくしなさい」ということではありません。女性性のエネルギーを活性化するということです。ショッピングをしたり、友達と他愛もない会話をしたり、料理をしたり、ペットや草花を育てたり、パートナーとマッサージをしたり、恋愛ドラマを見たり……。こんなことをやると、女性も男性も、女性性のエネルギーが活性化します。

ちなみに、私は料理、家事、買い物は日課です。さらに、猫たちの世話も楽しんでいて、女性性をかなり発揮しています。

「再結合」が本当の意味での女性性の統合

「男性性と女性性のバランスをとる」とは「男性性と女性性を統合する」と同じ意味です。これは3の「スピリチュアル・パートナーシップ」でも大事になりますが、本当の意味で男性性と女性性のバランスをとり、統合できるのは、4の「再結合」でのことだと思います。

というのも、3の「スピリチュアル・パートナーシップ」は素晴らしいのですが、まだ自分が主に使うエネルギーが男性性か女性性かに分かれているように思うからです。女性の場合は、3の「スピリチュアル・パートナーシップ」では男性性を強調して「自立」へと向かうでしょうし、男性の場合、女性性はまだ二番手のエネルギーという意識があるのです。男性も女性も、弱さをシェアしてはいけない、と思っているのです。

弱さ、傷つきやすさ、もろさは社会では評価されません。ですから、抑圧して感じないフリをしているかもしれません。「自立」を強調する3の「スピリチュアル・パートナーシップ」では、弱さ、傷つきやすさ、もろさを相手に見せるのはまだ難しいように思うのです。

ですが、愛することは、相手を信頼し、自分の弱い部分を見せることでもあります。「自分の弱い部分を見せても相手は愛してくれる」という確信がなければ、できないことです。こんな意味でも、4の「再結合」は再依存・再融合がポイントになるのです。

こんな信頼感が4の「再結合」にはあるので、男性性エネルギーをこれまで使ってきた人は女性性のエネルギーを発揮してもいいと思えるし、それがさらにいい関係につながるのがわかります。女性性のエネルギーに重きがあった人は、男性性のエネルギーを使っていいと思えるでしょう。

男性性と女性性をうまくバランス・統合する基盤としても、「再結合」は完成形といえるでしょう。

愛のホットスポット

4の「再結合」の関係になると、二人の間の結びつきがさらに深く、濃くなります。

自分のなかにある、相手に見せたくない部分がなくなり、自分に統合されるので、自分に対する愛のエネルギーが強くなっています。

愛は魂の共鳴ですが、その共鳴がさらに強くなり、魂の音を大きく鳴らしているのです。

そしてその愛は自然に相手に流れていきます。相手からも愛が循環してきます。

愛の炎が静かに燃えているような状態になります。

これを外側から見ると、「愛のホットスポット」と呼べる関係です。

二人からの愛が自然に外側に流れ出るので、さまざまな人を引き寄せます。

愛が欲しい人がやってきて、「愛のホットスポット」で愛を受け取ることがあるでしょう。

癒されたい人がやってきて、「愛のホットスポット」で癒されるでしょう。

エネルギーが少なくなっている人がやってきて、「愛のホットスポット」でエネルギーをチャージするでしょう。

こんなふうに、二人を中心にさまざまな人が愛を受け取り、インスピレーションを受け、行動し始めます。

なかには、二人にならって自分たちのパートナーシップを改善する人も出てくるでしょう。そして、小さな「愛のホットスポット」が、あちらこちらにできてきます。
今、こんな状態がリアルに起こっています。

個人レベル、パートナーレベルの統合

このようにパートナーシップでは、個人レベルでの統合、そしてパートナーレベルでの統合が起こっているのです。

個人レベルの統合は、

① 男性性と女性性のバランス
② 他人に見せたくない、自分ではない部分を自分のものとして統合

が起こってきます。
パートナーレベルの統合は、自立した二人が、一つの愛のアイデンティティーに統合

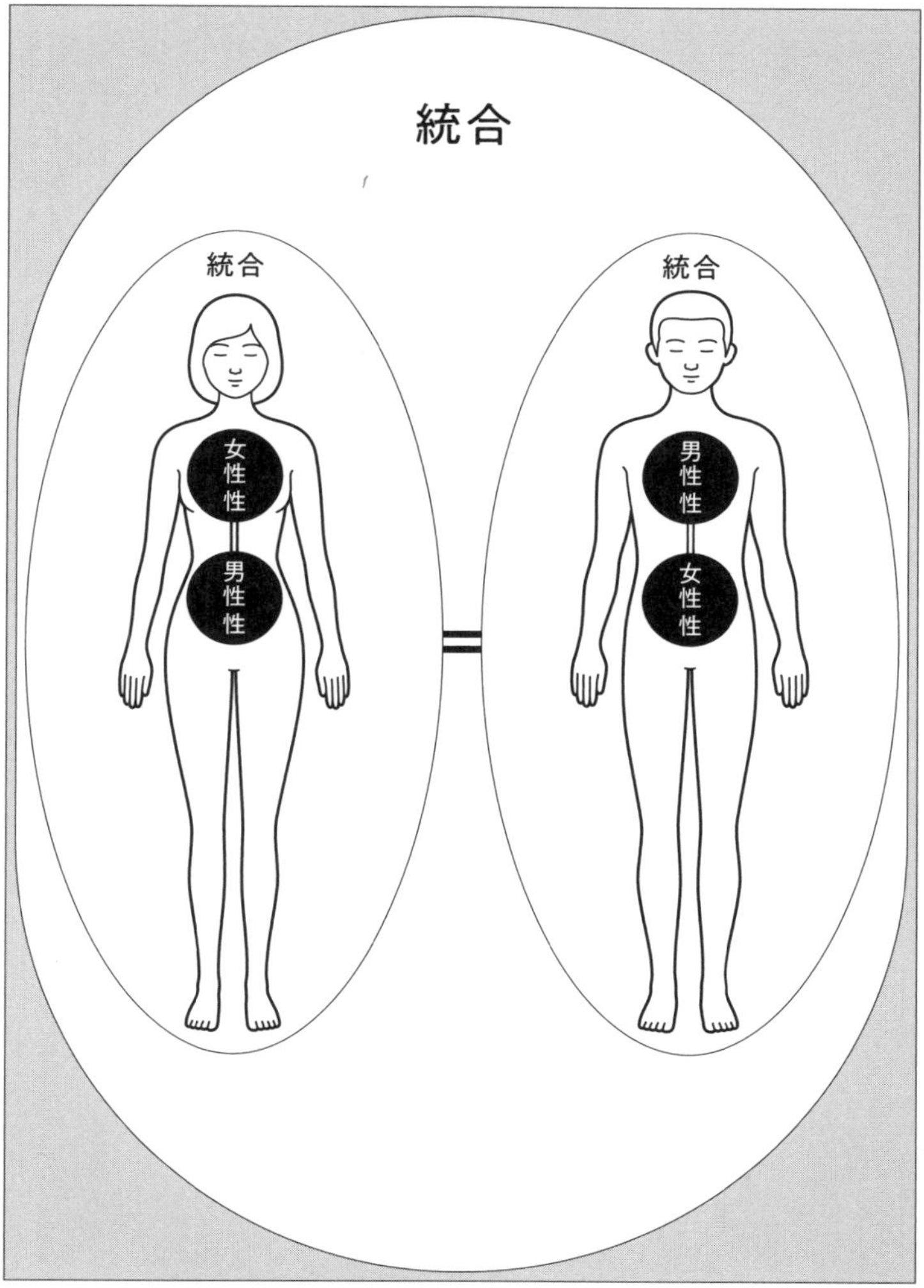
統合
統合
女性性
男性性
統合
男性性
女性性
=

され、あたかも一つの存在のように見えることになります。

個人の統合と二人の統合が同時に起こっているのです。図にするとこんな状態です。

私たちは、元々ソースという完全で根源的なエネルギーでした。しかし、地球で学びを行うために、エネルギーを分割し、魂という道具を作って、この地球に降り立ちました。

地球にはさまざまな「分離」があります。男と女を分離させ、性別を作りました。生まれた国も、分離させました。成績がいい悪いとか、収入がいい悪いとか、子どもの学校がいい悪いなど、さまざまな分離を行いました。

スピリチュアルに成長することは、こういった分離を癒し、再び統合することです。この統合が終われば、「はい、あがり」ということで、魂の成長ゲームの終わりです。次元上昇、アセンションとはこのことです。

私たちの魂のストーリーは、分離して、それを統合し、全体性を回復するということなのです。

全体性というとわかりにくいかもしれませんが、「丸ごと」というのがいいかもしれません。私という存在にはいい面もあるし悪い面もある。表に出していい顔と、隠しておきたい顔がある。こういったすべてを包み込んで、その丸ごとが私だよ、という感覚です。

「すべてはつながっていてひとつである」ということを表す言葉がワンネスです。全体性を取り戻していくことは、ワンネスに戻っていくことと同じです。分離したエネルギーを癒して受け入れると、ソースという元々の根源的なエネルギーに戻ることができるのです。

パートナーシップ、特にソウルメイトの関係では、これまで隠しておいた自分や長く気づかなかった自分を癒して認めるよう、相手が促してくれます。

そのため、一人で分離を統合し全体性を求めるよりも、効果的に学びを進めることができるのです。

しかも、二人で手を取り合って。

そこが素晴らしいところです。

そのためには、早くソウルメイトと出会いたいと焦るのではなく、本書でお伝えしたようなセルフ・パートナーシップを改善していくことです。自分を愛することです。自分を愛することができなかったら、そもそも相手を愛することはできないし、愛せない二人が出会ってしまうと、大変なことが起こるでしょう。ですから、焦るよりも、まずはセルフ・パートナーシップ。これを忘れないでください。

もちろん、一人で成長することもできます。成長の基盤は「自分」という一人にあるのです。

踏みとどまって愛を選ぶ

愛はつながりであり、与えることであり、思いやりであり、対象と一つになることです。パートナーシップで必要なのは愛です。相手を好きという気持ちは、最初のきっかけです。実際にパートナーシップを結ぶとすぐにわかるのですが、好きという気持ちだけでは、パートナーシップを前に進ませることはできません。パートナーシップを健全な状態で保ち続けるには、愛を意識的に選択し続ける必要があるのです。

日々いろいろな出来事や「あれ?」と思うこと、ショッキングなことさえ、パートナーシップでは起こってきます。そのとき、あなたは「おかしい、こんなはずじゃない」

と、相手に失望したり怒りを感じたりしますか？　それとも、愛を持って相手を許して、関係を続けますか？

こんなとき、あなたは愛をとるのか、別のものをとるのか、選択を迫られます。

失望しそうになったり、怒りを感じそうになったり、価値観が違うと思いそうになることもあるでしょう。そのとき、「これではいけない」と、愛を意識的に選んでください。相手を許し、自分を許し、相手を責めたり、攻撃したり、罪悪感を持たせたり、脅したりするやり方ではなく、愛ですべてを解決するやり方を選ぶのです。

「選ぶ」というのは、ときとして愛でないものに流れてしまうほうがラクだし、自然な流れに思えることもあるからです。そんなときでさえ、ぐっと踏みとどまって、愛を選ぶ。意識的に。そんな必要が大いにあるのです。

自分のことはよくわかります。どんな悩みを持ち、どんな気持ちで、日々どんな苦労をしながら生きているのか、よくわかります。

しかし、あなたとつながっている相手はどうでしょう。相手も同じように悩み、苦労しながら、一生懸命生きているのです。ですが、その悩みや苦労が、あなたからは見えにくいし、感じ取りにくいのです。

もちろんセルフ・パートナーシップが壊れてしまうような依存や虐待をしてくるなら、それは考え物です。

そうでなければ、愛を選んでください。自分や相手が完全でなくても、自分も相手も許してください。

「○○しなければならない」はウソです。幻。それはあなたには関係ありません。一番大事なことは、あなたが幸せであることです。

「私が幸せであるために、何を選択したらいいだろうか」と自分に尋ねてください。

答えはきっと愛だと思います。

いさかいをやめ、心を合わせて、仲良く、楽しく、生きることです。

愛を意識的に選んでください。

ですから、「意識的に選ぶ」という練習を積んでおくのがお勧めです。ルールで相手をジャッジする習慣を持っていると、パートナーシップは壊れてしまいます。

目の前には必ず二つのオプションがあって選べるんだ、そして愛を選ぶんだ、と思うとき、パートナーシップを進化させ、「スピリチュアル・パートナーシップ」「再結合」に向かうことができるでしょう。

初めて男性・女性が等しく出会える時代

今、時代が確実に動きつつあります。

古い制度が壊れ、新しいものに置き換わろうとしています。

男性性が世界を牛耳《ぎゅうじ》っていた世の中から、女性性がしなやかに発揮される世の中へと動いているのを感じるのは、私だけではないでしょう。

女性がクローズアップされる面もあるかと思いますが、それだけではありません。男性、女性のなかにともにある「女性性」が前に出てくる、というのが近いのではないでしょうか。

これまで女性は長い年月、男性に虐《しいた》げられてきました。それが終わって、男性は自らの女性性を見ることができるようになり、女性は自らのなかにあるパワーを主張することができるようになりました。

男性か女性のどちらか一方が地球を支配するのではありません。ともに同じ立場・権利で、男性と女性が初めて出会うことができる時代がやってきたのです。

パートナーシップもどちらかがリードするのではありません。自立した二人が、互いの成長のために集まるのです。

本書の刊行は２０２０年ですが、「2」は女性性を示します。と同時に、「二人」の意味もあります。女性性を肯定し、それに基づくパートナーシップが生まれています。本書で解説した「スピリチュアル・パートナーシップ」や「再結合」は、女性性と男性性のバランスのうえに成り立つ関係です。

２０２０年は令和2年でもあります。「令和」は英語で表現すると「Beautiful Harmony」。「美しき調和」というのは、新しい時代のパートナーシップを見事にいい表しています。独立した二人が、美しく調和する。二人が出す波動という音が、美しい和音を奏でているのです。そんな時代がやってきました。

真実に目覚める

確かに過去、「結婚すれば幸せになれる」という考えがありました。しかし、それは幻です。やってみればわかります。パートナーシップを結んでからが本番です。本書でお伝えしているとおり、セルフ・パートナーシップがまずしっかりしていないと、相手を本当に愛することはできません。「愛して、愛して」「愛されたい」と、要求ばかりしてしまうでしょう。こんな執着の世界観もあります。

しかし、一方で、セルフ・パートナーシップを整え、自分を愛して波動を上げ、真実に目覚めていこうという選択をとる人も増えています。私たちは分離・統合ゲームをしていることに気づき、元のワンネス、愛に戻ろうとする選択をとります。愛の世界観、いえ、目覚めた愛の世界観です。

流れは、「結婚すれば幸せになれる」という執着の世界観から、目覚めた愛の世界観に確実に移りつつあります。

本書で解説したようなソウルメイトの関係を意識的に選択し、日々愛を選択する方たちが増えています。

あなたもこの流れに乗りませんか？

本書で解説したプロセスを経て、家族にいろいろ問題を抱えていた私にだってできたのです。

あなたもきっとできます。

できない理由はありません。
どうぞ、自分という真実に目覚めてください。
パートナーシップの真実に目覚めてください。
そして、地球とともに波動を上げ、さらなる高みとさらなる幸せを味わいませんか？
愛の旅路はまだ続きます。どうぞ一緒に歩いていきましょう。
ソウルメイトたちとともに。

おわりに

幼いとき、両親のケンカが心配だった自分に、「大丈夫だよ、うまくいくよ」と伝えてあげたい。

生きづらかった10代の自分に、「大丈夫だよ、うまくいくよ」と伝えてあげたい。

愛に悩んだり、苦しんだりしたけれど、それは決してムダじゃなかった。

ちゃんとうまくいく魂の設定があったのです。

著者は魂に導かれて、人生を大きく変えました。本当の愛も体験できた。ソウルメイトとも出会った。

こんなことができたのも、恐れず自分の魂のユニークさを肯定したからです。

あなたもきっとそう。

あなたはほかに比べようのないユニークな存在です。

そんなあなたのユニークさを祝福して、あなたらしくあってください。

人生の鍵を握っているのはあなたです。それを忘れないでください。

本書も、古今東西のスピリチュアルな伝統、さらにはパートナーシップや愛に関する先駆的な作品に根ざしています。一人ひとり名前を挙げることはできませんが、メンターの方々、仲間たち、ソウルメイトたち、そして受講生たちに感謝します。

「愛とパートナーシップの王道を書いてください」と、スピリチュアリストだったら断れない直球で執筆依頼をしてくださった光文社の千　美朝さん。著者を信頼し、素敵な作品に仕上げてくださったことに感謝します。

一番の感謝は、妻のヒーラーよしこに。あなたと出会ったことは、著者の人生の勲章です。ありがとう。

そして、家族の一員である、猫のルタ、シャンティにもありがとうと言います。原稿を書いていると、にゃあにゃあ、そばで鳴いて、しばしば作業が中断しましたが……。

読者のあなたには特別に感謝します。あなたが読んでくれたおかげで、この本に息が吹き込まれました。

もしあなたが今、愛やパートナーシップに悩んでいても、きっとあなたもうまくいきます。愛の劣等生だった著者でもできたのです。あなたにできないはずはありません。

あなたの魂のささやきに耳を傾けてください。自分の内側から来る思いが、あなたを導きます。どうぞその声を信頼してください。

あなたがさまざまな分離を癒し、ひとつに戻りますように。

錦織　新

２０２０年４月

装丁　櫻井浩（⑥Design）
イラスト　井塚剛

錦織新（にしきおり・しん）

「宇宙の法則」エバンジェリスト　にしき。

2007年、ソフトバンククリエイティブ（現・SBクリエイティブ）在籍中に、編集者として、エイブラハムの「引き寄せの法則」シリーズ（エスター・ヒックス、ジェリー・ヒックス著）をプロデュース、大ブレイクさせる（シリーズ累計40万部突破）。あわせて「引き寄せの法則公式ブログ」を開始し、引き寄せの法則を日本に広める役割を果たし、現在活躍する多くのスピリチュアル・リーダーに影響を与える。

引き寄せの法則を原理から理解し、教えられる希有な存在。2011年に独立。引き寄せの法則を考察することで得た方法を「アトラクション・メソッド」とよび、独自の活動を行う。日本全国はもとより、LA、NYでもセミナーを開催、成功させる。オンラインコース、ワークショップなどを通して、引き寄せの法則をわかりやすく、実践的に使えるようにする活動を行っている。

愛《あい》と魂《たましい》の法則《ほうそく》

2020年5月30日　初版第1刷発行

著者　錦織新《にしきおりしん》
発行者　田邉浩司
発行所　株式会社 光文社
〒112-8011　東京都文京区音羽1-16-6
編集部　03-5395-8172
書籍販売部　03-5395-8116
業務部　03-5395-8125
メール　non@kobunsha.com
落丁本・乱丁本は業務部へご連絡くだされば、お取り替えいたします。

組版　萩原印刷
印刷所　萩原印刷
製本所　ナショナル製本

　ISBN978-4-334-95168-9